위기는 자본주의 경제의 숙명인가

경제위기의 역사

Wirtschaftskrisen
Geschichte und Gegenwart

베르너 플룸페 · 에바 두비슈 지음
홍태희 옮김

한울
아카데미

경제위기의 역사: 위기는 자본주의 경제의 숙명인가

경제위기는 인류의 숙명인가? 왜 사람들은 동일한 실수로 경제위기를 반복하는가? 비트코인 광풍과 서브프라임 모기지론 금융위기를 역사는 어떻게 기록할 것인가? 이 책은 이런 우리의 질문에 역사가 쓴 답안을 보여준다. 이를 통해 틀리기 일쑤인 경제 예측 모형을 쳐다보기보다는 경제가 역사 속에 남긴 족적으로 한 치 앞을 모를 현재의 등불로 삼으라고 권한다. 그래서 이 책을 번역했다.

긴 유학 시절을 마치고 귀국 후 먹고살기에 바빴던 역자는 하루 벌어 하루 먹기로 연구를 했다. 밥벌이에 도움이 되는 주제이면 정신의 오지랖을 기꺼이 허락했다. 그리고 이제 역자는 그리 배도 고프지 않고, 더 물러설 곳도 없는 나이도 되었다. 그래서 역자는 다시 오랜 학문적 화두를 다시 잡아들었다. 경제위기이다. 어느 날 터지는 거시경제의 화산 폭발, 역자는 잊었던 옛 친구를 다시 만나듯 감동하며 그러나 조심스럽게 다시 경제위기를 배우기 시작했다. 그래서 이 책을 번역했다.

2017년 현재 10년간의 대침체를 마친 세계 자본주의는 이젠 환한 세상으로 나가는 듯하다. 다우도 코스피도 사상 최대치를 경신한다고 한다. 사람들은 지난 위기의 아픔과 그때의 결심을 벌써 다 잊은 듯 증권회사와 부동산 중개소를 떠돌고, 비트코인을 축제의 재물로 삼아 일확천금의 춤을 춘다. 따라서 겨우 자가 호흡을 시작하는 세계경제 앞에 경제위기를 이야기하는 것은 오히려 생뚱맞기도 하다. 그러나 경제위기를 오래 지켜본 역자는 머지않아 다시 덮칠 경제위기를 느낀다. 그래서 이 책을 번역했다.

이 책의 저자는 누구보다 객관적으로, 허황한 이론이 아니라 피가 흐르는 역사로 우리에게 경제위기를 보여준다. 이처럼 짧지만 잘 간추려진 경제위기에 대한 역사책을 쓰는 것은 그리 쉽지 않은 일이다. 그 일을 이 책의 저자는 해냈다. 물론 경제위기를 보는 역자와 저자의 관점은 차이가 있다. 그러나 동의하는 점은 더 많다. 아울러 저자의 서술이 정확하게 사실을 기록하려고 했다는 점을 역자는 인정한다. 그래서 이 책을 번역했다.

이 책이 경제위기라면 20세기의 대공황, IMF 경제위기, 서브프라임 모기지론 위기 정도만 아는 한국에서 경제위기론의 지평을 넓히리라는 것을 확신하고, 앞으로의 경제위기에 더 현명하게 대처하게 해주리라 기대한다. 그래서 이 책을 번역했다.

이 번역본을 기꺼이 멋진 책으로 만들어 주신 한울의 김종수 사장님과 이 일을 가능하게 한 윤순현 차장님과 편집진에게도 감사한다. 아울러 이 책의 출판에 2017년도 조선대학교의 연구비 지원을 받았음을 밝힌다.

　팍팍한 내용과 독일어 번역으로 인한 난잡함에 조금이라도 도움이 될까 해서 역자 각주도 달아보았다. 나머지 모든 번역상의 문제는 다 역자의 역량 부족 탓이다.

2017년 겨울
보성의 바닷가 오두막에서
옮긴이

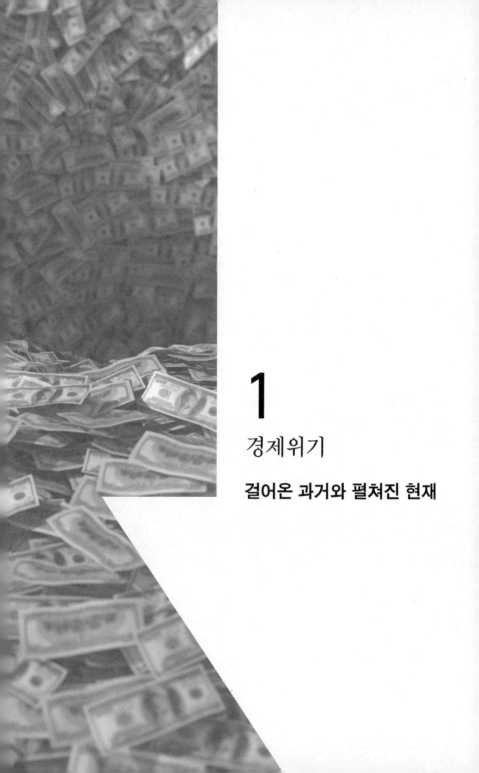

1

경제위기

걸어온 과거와 펼쳐진 현재

＊

　1873년 4월과 5월, 빈Wien의 증권 시장에서 부동산 가격 거품
이 터졌다. 귀족들이나 시민세력은 물론 소박한 일반 국민까지 수
많은 투자자들이 공황 상태에 빠졌다. 이런 상황 앞에서, 이제까
지 성공한 은행가이자 증권 중개인이던 이들이 졸지에 자신의 자
유와 삶 자체를 위협받게 되었고, 이들 중 많은 이들이 극단적인
선택을 했다. 당시 빈의 한 신문은 증권 중개인 몇몇이 "오래된 자
기 옷을 벗어서 다리 밑에 두고, 물속에서 새 옷이라도 찾는 듯이
자살을 했다"고 보도하기도 했다.
　이런 상황은 독일에서도 비슷하게 발생했는데, 2009년 1월
26일 독일의 주간지 ≪슈피겔≫은 "월스트리트는 여러 유명인의
자살에 충격을 받았다. 물론 은행가들이나 증권 중개인이 모두 실
제로 자살하는 것은 아니다. 그러나 그들 중 몇몇은 자신에게 가
해진 형벌에서 벗어나기 위해 자살을 한다"고 썼다.
　이같이 공포에 질린 행위에는 이유가 없지 않다. 최근 뮌헨의

한 형법학 교수는 금융위기나 경제위기*에 대해서 책임을 묻기 위해 그들을 재판장에 세워야 한다고 했다. 뉴욕의 자산관리인이던 버나드 매도프**나 확실하게 탐욕적으로 행동했던 펀드매니저들의 경우도 우리에게 잘 알려진 사례이다. 이처럼 금융 경제의 세계는 몇몇 양심 없는 사기꾼 무리의 손아귀에 놀아나고 있다. 이들은 자신의 이윤을 챙길 기회를 포기해야 한다면 차라리 기꺼이 심각한 경제위기가 오는 것을 선택한다. 이렇게 비양심적인 행동하는 금융인이 없었다면 우리가 최근에 했던 비난은 하지 않았어도 되었을 것이다.

역사를 수백 년 정도 거슬러 올라가서 살펴보면, 잘 알려져 있고 단순하게 요약되는 상황이 우리의 이런 의심을 부채질한다. 역사적으로 살펴보면 경제위기가 늘 반복적으로 등장하는 것이 엄연한 사실이며, 이 같은 위기가 미치는 사회적 파장이 과거에서든

---

* 경제위기는 경기의 정점에서 갑자기 경기의 흐름이 전환해서 하강하는 시기를 일컫는다. 경기상승기에서 갑자기 경제위기(패닉, 공황)를 맞고 경기하강기로 간다고 이해된다. 종종 경제위기는 경기의 상부 전환점에서부터 쭉 경기하강이 지속할 때 그 전체 기간을 지칭하기도 하여, 불황이나 침체의 개념으로도 사용한다. 본 번역서에서는 'krise', 'crisis'의 번역으로 경제위기로 쓰고, 같은 뜻인 'panic'은 공황으로 번역한다. 'recession'은 침체나 후퇴로, 'depression'은 불황으로 번역했다.

** 버나드 매도프Bernard Madoff는 2005년 서브프라임 모기지론 위기의 대명사가 된 인물로, 일종의 다단계 영업이라고 할 수 있는 폰지 자금을 운영했다. 그는 투자하면 90일에 원금 2배의 수익을 장담했고, 이 희대의 금융사기꾼에게 속은 사람들은 투자를 했다. 그 규모는 400억 달러에 이르렀다.

현재에서든 매우 커서, 그 영향력은 경제적인 사건을 넘어 심각한 정치적·사회적인 문제에까지 도달한다는 것이다. 이처럼 경제위기는 결코 우리가 처음 겪는 일이 아니다. 경제위기는 구약성서에도 이미 등장한다. 구약성서 야곱의 이야기에는 7년의 풍년과 7년의 흉년 이야기가 전해진다. 이처럼 농업 수확량의 변동과 그에 따른 가격의 상승, 기아와 삶의 위협은 유럽 고대사에서는 언제나 등장하는 이야기이다.

그리고 19세기 이후 농업 생산성의 증대로 이러한 한계를 극복했음에도 이런 상황의 변화 자체가 경제위기의 종말을 가져오지는 못했다. 그 이후의 경제성장도 언제나 재등장하는 경기*의 이런 방해 요소에 영향을 받았다. 수확량의 변동과 경기변동은 지금까지 인류가 견뎌냈고, 현재 견뎌내고 있는 것으로서 결코 한 번만 있었던 일이 아니다. 그에 더하여, 투기**에 의한 경제위기 또한 결코 새로운 일이 아니다. 17세기의 네덜란드의 '튤립 투기', 18세기 영국의 '사우스시 투기 거품'은 물론 19세기, 20세기, 21세기의 수많은 위기는 끝나지 않을 것 같은 위기적인 경기 하강을 보였다.

---

* 경기Konjunktur란 특정국가의 총체적인 경제활동의 변화를 말한다. 총체적 경제활동이 활발하게 이루어지는 시기를 경기확장기 혹은 상승기, 위축되는 시기를 수축기, 후퇴기라고 한다.
** 투기spekulation란 가격변동을 노리는 거래, 시간적인 가격변동을 노리는 모든 거래를 말한다. 여기에서 차액투자자Arbitrage는 지역 간, 시점 간 가격 차이를 노리는 투기꾼을 말한다. 투기나 투자를 구분하는 것은 경제학의 난제이다. 일반적으로 투기는 나쁜 투자로 이해된다.

이런 경제위기는 결국 광범위한 국가의 파산 상황을 가져왔다.

미국의 경제학자 카르멘 M. 라인하트Carmen M. Reinhart와 케네스 S. 로고프Kenneth, S. Rogoff는 20세기의 경제위기는 국가가 채무불이행의 위험에 놓여 있거나, 지나치게 높은 공적 부채로 여러 문제가 발생했을 경우에 발발했다고 한다. 또한, 만약에 국가 부도 상태가 엄밀한 의미에서 꼭 경제위기로 발전하지 않는다면 그 원인은 일반적으로 경제보다는 정치에 있다고 본다. 이는 현재 우리가 겪고 있는 국가부채에 의한 경제위기*에서 보는 것과 같이 무시무시한 경제위기의 동학으로 발전한다. 이러한 것을 전체적으로 요약하면 확실히 경제위기는 경제가 가지는 일상적인 현상이다.

여기에 더하여 경제위기는 여러 복합적인 측면이 있기 때문에 개개인의 경제행위에 책임을 전가하기도 어렵다. 또한 이런 사정 때문에 설득력 있는 경제위기의 이론이 제시되지 못하고, 오히려 이에 대해 침묵하게 한다. 독일의 국민 경제학자이자 경제사가인 베르너 좀바르트Werner Sombart(1863~1941)는 이미 1904년에 일목요연한 체계를 띤 경제위기론이 더는 존재할 수 없다고 지적한 바 있다. 현재의 경제이론에서도 엄밀한 의미에서 위기 개념 사용을 회피하고, 그 대신에 경기변동 개념, 가령 경기침체나 경기후

---

* 2010년 유럽 국가의 연쇄적 국가부도 위기를 가져온 재정위기를 가리킨다. 이 위기는 2010년 4월 23일 그리스가 IMF에 구제금융 신청을 하면서 시작되었고 아일랜드, 포르투갈, 스페인 등이 이후 이 행렬에 동참한다. 국가부채가 많아져서 재정이 악화하고 실물경제가 위축되나 신규 국채 발행이나 차환발행이 어려워져서 국가 부도 위험이 생긴 경우이다.

　　　　　　　　경제위기의 역사: 위기는 자본주의 경제의 숙명인가

퇴 또는 불황 같은 용어*를 사용하는데, 이런 용어를 공식적으로
는 경제위기로 이해하도록 한다.

　　이러한 경제위기 개념의 불명료한 사용에도 불구하고, 우리
가 경제위기라는 용어를 사용하는 것은 의미가 있다고 생각한다.
그 이유로는 공식적인 논쟁에서 경제위기의 정확한 의미를 문제
시하지 않는다는 것을 먼저 들 수 있다. 이런 상황으로 인해 경제
위기는 단지 전체 거시경제의 교란 정도로 이해되어 사용되고 있
다. 또한 경제위기는 경기상승기에서 하강기로의 전환점이나 최
소한 경기의 정체 또는 경기하강기의 느린 경제성장 국면을 말하
거나, 다른 측면에서는 경기의 하강이나 불경기 그 자체를 의미하
는 것으로 사용되고 있기도 하다. 때로 경제위기가 경기침체 개념
과 매우 유사하게 쓰여, 경기가 정체되거나 사회적 총생산이 감소
하는 현상으로도 사용되고 있다. 투기 거품의 붕괴나 국가 부도
사태도 당연히 경제위기의 현상으로 이해되는데, 여기에서는 무

---

*　경기순환은 경기 국면으로 이루어져 있다. 경제학계에는 아직 경기순환의
　국면에 대한 통일된 용어 정리가 되어 있지 않다. 경기순환은 대개 2국면이
　나 4국면으로 나눈다. 2국면으로 나누면 호황기/불황기, 상승기/하강기 등
　으로 나누고, 4국면으로 나눌 때는 회복기/상승기/후퇴기/침체기로 나눈
　다. 3국면으로 나눌 때는 호황기/경제위기/불황기로 나눈다. 이 책의 저자
　도 전체적으로 용어를 통일해서 사용하지 않는다. 대략적으로 보면 경기상
　승기Aufschwungphasen, 경기확장기Expansion, 호황기Prosperität, Hochkonjunktur,
　Boom, 경기하강기Abschwungphasen, 침체기Rezession, 불황기Tiefphasen, Depres-
　sion 등도 사용되고 있다. 침체기가 2분기 이상 지속하면 불황Depression으로
　부르기도 한다.

엇보다도 경제위기가 경제 전체에 미치는 영향으로 인해 주목을
받는다. 이를 염두에 두고 보자면 이 현상들도 경제위기 현상으로
볼 수 있다.

⊃ 옛날(산업화 이전)의 경제위기 — 오늘날(산업화 이후)의 경제위기

경제위기를 거시경제의 교란 현상으로 보는 관점으로 경제의
구조적 변화를 주시하면서, 경제위기의 전개과정을 역사적으로
요약해서 정리하면 다음과 같다. 일반적으로 19세기 초반부터 본
격적으로 발전해간 자본주의 체제의 정립 이전 시대의 경제위기
를 전근대 시대의 경제위기라고 한다. 이 시절의 경제위기는 무엇
보다 농업과 식량의 위기였다. 물론 당시에도 수많은 국가 부도
사태가 있었고, 투기 거품이 터지는 일도 드물지 않게 발생했다.
그러나 이런 경제 현상이 전체 경제에 미치는 영향은 경제적으로
농업 부문에 의존했고, 식량을 확보하기 위해 애를 써야 하는 세계
에 국한되었다. 이 시기 경제위기 발발의 결정적 요인은 기후와
날씨였다. 기후가 좋으면 풍년이 들고, 식료품비가 저렴해지며,
인구가 증가했다. 그러나 결과적으로는 인구증가에 따라 임금이
낮아지고, 상품 생산량이 증가함에 따라 식료품비가 저렴해져 수
요량 증가의 가능성이 커졌다. 그러나 흉년이 들면 풍년 때와는
반대로 세상이 황폐해졌다. 실업, 기아, 비참함, 구걸, 죽음은 특히
빈곤층 집에 자주 찾아오는 손님이었다. 19세기에 이르러 농업 부
문에서의 거대한 진보가 이루어진 후에야 비로소 인류는 처음으

로 이러한 생존의 위협에서 벗어나게 되었다.

이처럼 전근대 시대의 경제위기는 특정하게 정해진 작동방식이 없었다. 경제위기는 그보다도 무엇보다 예측할 수 없는 기후변화에 더 많이 관련되었다. 이런 전근대 시대의 상황은 근대 시대에 들어서자 다르게 작동되었다. 근대의 경제위기는 점점 더 종말적인 차원을 벗어났다. 그 대신 경제위기는 특정한 작동방식이 반복해서 발생하는 특징을 보여주었다. 경제위기는 예전처럼 경제 외적 요인으로 발생하는 것이 아니라, 확실하게 자본주의적 발전의 내부적인 법칙성을 가지고 있음이 뚜렷하게 나타났다.

칼 맑스Karl Marx(1818~1883)는 1820년대에 이미 경제의 전개과정이 경기변동을 품고 있다는 것을 알아차렸다. 늦어도 1860년대부터는 프랑스의 의사였던 클레망 쥐글라Clemet Juglar(1819~1905)의 관찰에 힘입어 경제의 구조적 변동이 경기순환* 과정을 가진다는 것이 공식적으로 확인되었다. 이에 따르면 경기순환은 상승기, 호황, 하강기, 불황으로 나누어진 국면을 거친다. 쥐글라가 자료를 통해 실증적으로 확인한 것처럼 이 전체 과정에서 거시경제

---

* 경기순환Konjunkturzyklus이란 중기적이고 장기적인 거시경제의 상승과 하강이 반복되는 것을 말한다. 한국통계청에 따르면 경기순환은 상승 - 둔화 - 하강 - 회복의 네 국면으로 되어 있다. 경기순환의 종류에는 순환주기의 길이와 순환을 끌고 가는 요인에 따라 키친 순환(3~4년), 미첼 순환(7~11년), 쥐글라 순환(6~10년), 콘트라티에프 순환(50~60년)이 있다. 각 순환은 순환을 발견한 학자의 이름을 땄다. 슘페터는 이 순환을 소순환, 주순환, 장기순환으로 나누어보았는데 소순환은 키친 순환, 주순환은 쥐글라 순환, 장기순환은 콘트라티에프 순환에 가깝다.

는 일반적으로 나름 어느 정도 규칙적인 성격을 가진 순환을 하는데, 6년에서 10년이란 어느 정도 정해진 주기를 가진다는 것이다. 경기변동 역사에 대한 최근의 서술에서는 이러한 시간적인 주기를 개개의 순환에 도식적으로 적용하지는 않고, 각 순환이 다양한 주기와 진폭을 가진 것으로 확인하지만 그럼에도 쥐글라가 주장하는 경기순환은 실증적 검증을 통해 원칙적으로는 증명되었다.

이처럼 근대 시대의 경제에는 전근대 시대와는 다르게 경기순환이라는 현상이 있다는 것이 확인된다. 그러나 이와 함께 근대 시대의 경제는 점점 성장하는 추세 속에서 집중적인 경제구조의 변동을 경기순환 속에 동반하고 있다. 호황에서 침체로의 전환이 반드시 위기 상황을 연출하는 것이 아닐 수 있었고, 제2차 세계대전 이후에서 보듯이 성장순환*으로 나타나기도 했다. 그러나 1848년 몇 해 전에 있었던 경제위기와 20세기의 두 차례 일어났던 세계대전 사이의 경제위기는 엄청난 사회적 비극을 동반했다. 이런 극단적 현상이 나타난 이유는 이 시기의 경제위기가 정치 시스템의 위기를 동반했기 때문이다. 분명히 거시 경제의 전개에 나타나는 경기의 변동 과정에는 경제위기가 발생하는 국면이 있고, 경제위기가 극단적으로 중요한 사회적 영향을 미쳐서, 사회 전체가 고통의

---

* 성장순환은 경제성장률이 잠재성장률을 얼마나 벗어났는지를 통해 경기의 변화를 측정하는 방법으로 장기 추세보다 높으면 상승기, 낮으면 하강기로 본다. 이에 비해 성장률 순환은 단순히 경제성장률의 변화 추세로 경기를 측정하는 방법이다. 한국 통계청이 경기순환의 기본지표로 쓰는 것은 경기 동행지수 순환변동치이다.

경제위기의 역사: 위기는 자본주의 경제의 숙명인가

나락으로 떨어지는 국면이 있다는 것이다.

이 점에 대해서는 이 책의 뒷부분에서 장기 순환을 설명할 때 다시 설명하는 것이 좋을 것 같다. 아무튼 쿠느트 보하르트Knut Borchart는 칼 맑스의 표현을 빌려와서, 근대 자본주의에서 경제위기를 '즉자적卽自的 위기, 위기 그 자체Krise an sich'와 '대자적對自的 위기, 무엇에 대해 위기로 존재하는 위기Krise für sich'로 나누었다. '즉자적 위기'는 호황에서 침체로 전환하는 시점의 '경제위기'를 말한다. 이 같은 경제위기가 확실하게 '대자적 위기'로 바뀌는 것은 경제위기의 거시경제적 측면과 이것의 사회적 파장만이 아니라, 이런 상황이 발생한 것에 대한 동시대인들의 반응 정도에 강하게 의존한다는 것이다. 이처럼 경제에 대한 기업과 가계의 기대에 따른 행동 방식이 경제위기의 발발에 중요한 역할을 한다. 따라서 대중의 행동방식이 경제위기에 미치는 역할은 경제학에 대한 대중적인 설왕설래나 학술적인 논쟁 및 정치권의 반응처럼 중요하다는 것이다.

이 점과 관련해서 우리는 모든 경기 전환점을 똑같이 상기해서 거론하지는 않았다. 이제까지 있었던 경제위기에 대한 논쟁에서는 동시대인들에게 특별히 깊게 인지되고 자주 거론한 경제위기들만 무엇보다 먼저 주제로 올렸다. 결론적으로 말하자면 근대 시대의 경제위기는 단지 거시경제 변동의 크기 하나만으로 결정되는 것이 아니라, 그 경제위기에 대한 해석과 경제적이고 사회·정치적인 대중의 반응에도 좌우된다는 것이다. 사람들이 경제위기를 혹독하게 겪게 되면, 위기의 책임도 분명히 물으려고 한다. 이런 책임 추궁은 특히 '투기'를 경제위기의 원인으로 삼고 비난의 대상으로 만들었다. 투기는 이에 따라 근대 경제에 재앙을 불러오는 먹구름 같은 것으로 되었다.

⊃ 경제위기와 투기

거시경제에 발생하는 어느 정도 정규적인 교란 현상이라고 할 수 있는 경제위기는 예전 같은 농경 사회에서는 오늘날 사람들이 흔히 투기라는 말에 대해 이해하는 행위의 결과가 아니다. 그리고 근대 시대에서도 투기와 경제위기가 직접적 연관이 있는 것이 아니다.

투기라는 용어가 갖는 고유한 의미는 작든 크든 공공연한 선입관이 만들어낸 무지막지한 편견에 둘러싸여 있다. 그러나 경제에서 투기는 죄악이 아니라, 오히려 모든 경제적 거래에서 꼭 필요한 계기를 마련해주는 행위이고, 미래의 성공을 예측하고 결정하는 경제행위의 중요한 순간이며, 그렇기 때문에 위험도 동반하는 행위이다. 우리가 현재에 어떤 경제행위를 하고 그것을 투기라고 한다면 그 행위는 기존의 행위 방식을 단지 반복만 하는 것이 아니라, 새로운 경제적 발전을 가져올 수 있게 하는 전기를 마련하는 바탕이 된다. 그렇다고 해서 모든 투기가 언제나 같은 특징을 가지고 있고 역사적으로도 늘 같은 성격을 가지고 나타났다는 것을 말하는 것은 아니다. 의심할 바 없이 투기 중에는 대단히 과열된 국면을 가진 것도 있고, 투기의 열기가 그리 크지 않은 경우도 있

경제위기의 역사: 위기는 자본주의 경제의 숙명인가

다. 또한, 시간이 지난 후에야 그 정체가 무엇인지를 확실히 알 수 있는 온갖 과열들은 과거에도 있었고 현재에도 있다는 것도 분명하다. 투자 결정을 내리는 순간 자체에서는 투기가 어떻게 될지 모르지 않는가! 그러므로 우리 모두가 위기가 진행된 후에야(!) 투기에 의한 위기임을 알았다는 것이 역사적 진실이다.

대규모 투기 현상은 원칙상 언제나 다음과 같은 상황에서 나타난다. 유동성*의 공급이 손쉬워진 상황에서 이자율**까지 낮은데 경제주체가 미래에 대해 과도하게 긍정적인 기대하게 되어, 사람들이 미래 전망이 좋다고 의견이 모아지는 거래를 위해 싸고 쉽게 대출을 받을 때 발생하는 것이다. 이러한 투기 광풍은 어느 정도 자기 강화적 경향을 가지게 된다. 이런 광풍은 차액을 노리는 투자자, 즉 단지 거래 자체가 아니라 무엇보다도 가격 차이를 누리는 것에 관심이 있는 시장참가자가 이끌어나간다. 아무리 늦게 온다 하더라도 결국 그 엄청난 기대가 실현되었는지를 스스로 드러낼 시기가 오면, 투기의 거품이 터지는 경향이 나타난다. 이러한 투기 거품의 붕괴는 전근대 사회에서는 농업 부문 자체가 거기에

---

* 유동성Liquidität이란 지급능력, 현금전환가능성 있는 재산을 얼마나 갖고 있는가를 나타내는 말이다. 즉 경제주체가 갖고 있는 자산을 현금으로 바꿀 수 있는 능력을 말하는데 기업의 경우 현금 동원 능력을 말하기도 한다. 현금화할 자산이 많으면 유동성이 많다고 한다.
** 이자Zins는 금전을 사용한 대가로서 원금액과 사용기간에 비례하여 지급되는 금전이나 기타 대체물을 말한다. 금리는 원금에 지급되는 기간당 이자의 비율로 이자율Zinsrate이다.

포함될 이유가 거의 없었기 때문에 그 결과가 제한적이었다.

이 상황이 근대 자본주의 시대에서는 다르게 나타났다. 근대 자본주의에서의 투기적인 행태는 기본적으로 대개 경기순환의 상승기와 연관된다. 이 상승 국면에서 모든 시장 참가자가 물가 상승과 미래 경제에 대해 장밋빛 전망을 갖는다는 점과 관련된다. 근대 자본주의에서는 이런 상황에다가 투기의 순간에 자신의 프로젝트에다 돈을 끌어들일 수 있게 하는 새로운 기업 형태(주식회사)도 갖추었고, 금융부문(주식시장, 자본시장)도 이에 걸맞게 합법적인 제도로 만들었다.

19세기부터는 경기순환과 별 상관이 없는 투기 현상도 나타났다. 그렇지만 어쨌든 원칙적으로 투기는 경기상승기의 동반자 역할을 하면서, 경기를 정점의 전환점까지 끌고 나간다. 또한 그 과정에서 경기를 더욱 활성화하며, 시기에 따라서는 매출, 이윤, 지대에 대해 어느 정도 부풀려진 기대를 사라지지 않게 한다. 그러므로 근대 시대에서 투기는 금융시장이 주도한 집중적인 구조변동이 발현된 것이라고 할 수 있다. 그러나 문제는 이런 구조변동이 극적으로 끝나는 경향이 있다는 점이다. 이 점은 근대 자본주의가 투기의 크기를 제어할 가능성이 있다고 해도 발생하는 투기의 피할 수 없는 위험이다.

투기적 경제행위가 가져오는 결과에 대해 안전성을 보장받으려는 것 자체가 양면성이 있기 때문에 그렇게 간단하게 정리되기 어렵다. 이런 종류의 안전성을 담보하는 업종은 특히 1970년대부터 급격하게 팽창했다. 그러나 이런 업종은 그 자체로 투기적 측면을 가지기 때문이다. 우리가 미래에 발생할 수 있는 손해에 대해서 보험을 들었다면 경우 따라서는 손해를 보는 것이 더 좋은 경제행위일 수도 있다. 투기를 제한할 때는 이러한 점을 잘 고려해야 한다.

따라서 우리가 경제위기의 역사를 살펴볼 때 투기 행위를 주목하기는 해야 하지만, 투기를 경제위기의 출발점으로 삼을 수는 없다. 역사적으로 보아 경제위기는 투기로부터 독립적으로 진행되는 현상이며, 어떤 경우에도 이를 피할 수 있는 예외가 없었다. 그러므로 우리가 앞으로 이 책에서 경제위기를 살펴볼 때 가지는 기본적인 입장은 다음과 같다. 경제위기는 각각의 시대의 주어진 조건에서 발생하는 전체 거시경제의 교란이며, 무엇보다 전근대 시대에는 농업 위기로, 근대 시대에는 경기순환의 한 국면으로, 그리고 각각의 경기순환에 속하는 투기적인 현상과 관련된다고 볼 수 있다. 각각 그 나름의 이유가 있어서 발생하는 국가 부도 위기나 경상수지* 위기는 사실 경고는 할 수는 있으나 체계적으로 없앨 수는 없다.

경제위기는 나라 간의 정치적 경계선 앞에서 멈추지 않는다. 날씨가 국경을 고려하지 않는 것처럼, 주가의 추이도 개별 국가의 차이를 신경 쓰지 않는다. 물론 국가나 국가 연합이 마치 1945년

---

* 경상수지Zahlungsbilanz, balance on current account는 외국과 재화나 서비스를 사고파는 경상거래의 결과로 상품·서비스수지, 소득수지 및 경상이전수지로 구성된다.

이후의 동유럽 국가처럼 국제경제에서 완전히 격리되어 있다면 최소한 경제위기의 전파에서 어느 정도 자유로울 수 있다.

이처럼 경제위기, 특히 근대 시대의 경제위기는 18세기 후반부터는 국제적인 전개과정으로 확장된다. 즉 늦어도 1850년대 이후에 최소한 자본주의 국가 사이에서, 경제위기는 글로벌 경제위기로 발전할 잠재성을 갖게 되었다. 앞으로 우리는 이러한 과정에 대해서 살펴보겠다. 물론 경제위기의 전개 과정이 나라마다 서로 다르게 진행되었다 하더라도 이는 전혀 특별하지 않다. 이런 사실은 사례로 제시될 수 있다. 이 책에서는 잘 아는 친근한 사례, 특히 유럽(여기서는 독일과 영국)의 경제위기 발발과 북미(미국)의 위기 사례를 제시하겠다.

이 지역 외의 세계경제에 속한 많은 지역에 대해서 거론하지 않는 것은 이 책에서 제공되는 공간이 제한된 탓이기도 하다. 또한, 오늘날까지 세계 자본주의의 중심인 유럽과 미국에만 경제위기에 대한 문헌이 집중되어 있어, 그 외 지역의 위기에 관해 서술하는 것이 어려운 것도 이유 중 하나이다. 이는 무척 안타까운 일이다. 왜냐하면 유럽과 북미의 경제위기는 그 짝을 이루는 나라, 즉 흔히 말하는 식민지나 개발도상국도 점령했거나 점령하고 있는데, 이들 나라의 경제위기 발현이 북반부 모국의 상황과 연관된 경우가 적지 않으며, 흔히 이들이 북반부 경제주체들의 경제행위에 강하게 영향을 받기 때문이다. 그러나 이 책과 같은 입문서에서는 이런 선택 외에 다른 가능성은 별로 없다.

어쨌든 그 외 지역도 점점 더 경제위기의 역사에서 모습을 나

타내야 하며, 경제위기의 역사는 결코 '서양'에 대한 것만 있어서
는 안 된다. 자본주의 세계경제에서 아시아의 성장은 이 지역의
경제위기 현상도 고려해야 한다는 것을 보여준다. 이들 지역에서
나타나는 위기의 현상은 유럽과 미국에서 19세기 초부터 일반적
으로 널리 퍼졌고 앞으로도 다시 퍼질 현상이다.

2

경제위기 이론

경제위기론에 대한 짧은 요약

＊

　오늘날 우리는 경제위기가 발생했는데 이를 뿌리 뽑기 위한
대응책이 채 제시되지 않는다면, 정부가 나서서 경제위기의 영향
을 줄이기 위해 경제정책, 금융정책, 사회정책을 수단으로 삼아
이를 통제해야 한다는 것을 당연하게 여긴다. 그러나 경제위기에
대해 이런 관점을 가지는 것은 절대로 오래된 접근 방식이 아니다.
　사실 경제위기라는 경제적 현상이 발생했을 경우 정부가 이
같은 정책을 제대로 펴기 위해서는 선의만을 가지고는 충분하지
않다. 무엇보다 먼저 무엇을 해야 하는지를 알아야 한다. 그러므
로 우리는 여기서 먼저 진단받은 병에 대해 복용해야 하는 적합한
'약'에 대해 질문해야 한다. 경제위기의 증상과 해결방식에 대한
지식은 무엇보다 경제위기의 현상을 얼마나 정확하게 이해하고
해석하는가에 달렸다. 그러므로 모든 경제위기를 역사적 관점에
서 확인하기 위해서는 경제통계와 경제 이론이 무엇보다 먼저 필
요하다.

경제위기사적 관점에서 필요한 통계 자료는 국내총생산, 통화량,* 투자율,** 실업률과 같은 거시지표인데, 1945년 이전까지는 이러한 통계 자료가 별 볼 일 없는 수준이었다. 사실 19세기 말엽에 와서야 정식으로 인정되는 경제통계가 만들어져 제공되기 시작했다. 그리고 제1차 세계대전 발발 직전과 특히 두 차례의 세계대전 사이 시기에서 국가 영토 내의 경제적 행위를 행정, 조세, 정치를 위해 문서화하기 시작했다. 이와 더불어 경제분석과 경기변동을 연구하는 기관이 세워졌다.

이 같은 시도가 현실에서 구체적인 모습으로 처음 나타난 것이 미국의 전미경제연구소National Bureau of Economic Research: NBER 설립이었다. 1912년 설립된 전미경제연구소는 오늘날까지도 전 세계에서 가장 중요한 경기연구소 역할을 하고 있다. 1925년 독일 베를린에는 당시 독일 제국의 통계청장이었던 에른스트 바그만Erenst Wagemann(1884~1956)의 주도 아래 독일경기순환연구소(오늘날의 독일경제연구소Deutsches Institut für Wirtschaft: DIW)가 생겼다. 제2차 세계대

---

* 통화량Geldmenge이란 특정 거시경제에서 일정 시점에 유통되고 있는 화폐의 총량을 말한다. 이는 일반적으로 민간이 보유하는 현금통화currency in circulation와 일반은행의 요구불예금demand deposits의 합계이다. 통화량의 종류에는 M1(협의의 통화: 시중 현금, 요구불 예금, 수시입출식예금), M2(광의의 통화: M1, 정기 예·적금, 시장형 금융상품, 실적배당형 금융상품, 금융채), Lf(협의의 유동성, 금융기관 유동성: M2, 만기 2년 이상의 정기 예·적금, 금융채, 예수금), L(광의의 유동성, 한 나라의 모든 유동성, Lf, 국공채, 회사채)가 있다.

** 투자율Investitionsquote이란 국내총생산에 차지하는 투자의 비율을 말한다.

전 이후에는 이런 종류의 연구소가 더 많이 생겨났다. 독일에서만 해도 그 당시 어엿한 연구소가 7개 생겼는데, 그중에는 유구한 역사와 전통을 가지고 지금까지 운영되는 곳도 있다. 이러한 연구소를 통해서 1920년대에 들어서야 우리는 처음으로 경기순환과 경제위기의 전개 과정에 대해 어느 정도 신뢰할 만한 경제통계를 가지게 되었다. 또한 제2차 세계대전 때부터는 처음으로 어느 정도 국제적으로 공인된 거시경제에 대한 국민 계정을 가질 수 있게 되었고, 이에 따라 좀 더 정확한 경기순환 및 경제위기 통계를 확보할 수 있었다.

1914년 전에는 우리는 비록 소박하기는 하지만 어느 정도 설득력 있는 경제지표, 특히 물가나 이자율의 변동, 국제무역과 파산 상황에 대한 경제지표를 가지고 연구할 수 있었다. 그러나 이런 지표는 어쨌든 국내적으로나 국제적으로 공인된 것이 아니라서 정확한 정보를 항상 제공하는 것이 아니었고, 경기변동에 대한 어느 정도 근거 있는 참고 사항 정도를 제공했다고 할 수 있다.

이러한 자료를 파악하여 원하는 수치로 좀 더 다가가거나 원하는 지표를 도출하는 작업은 경제지표 수치 자체에서 직접 나오는 것은 아니다. 이는 단순한 통계작업에 의한 것이라기보다는, 더 많은 부분이 오늘날과도 같이 국가를 이런저런 방향으로 움직이려는 거대한 이권 그룹의 영향을 받게 되거나, 무엇보다 동일한 경제현상을 서로 다르게 해석하는 경제학파의 입지에도 영향을 받는다. 우리는 여기서 현실 경제의 전개 과정과 경제학적 지식의 발전 양상 사이에 일종의 공진화와 같은 연관이 있다는 것을 알 수 있다. 그렇다고 해서 안정적인 진보의 과정처럼 이 과정을 통해 우리의 지식이 점점 더 넓어지고 깊어진다는 것을 의미하지는 않는다. 이러한 공진화의 브레인풀에는 과거에도 현재에도 한계가 있는 것이다.

근본적으로는 두 개의 거대한 경제학적 전통이 서로 대립하고 있다. 그 하나는 고전파 경제학과 신고전파 경제학*을 중심으로 하는 전통으로서, 경제위기를 제거될 수 있는 균형의 교란 상황으로 보는 입장이다. 다른 전통은 조지프 슘페터Joseph Schumpeter (1883~1950) 같은 경제이론가들이 주장하는 것으로서, 경제위기를 자본주의적 경제의 진행 과정에 나타나는 경기순환상의 특정한 형태로 이해한다. 이에 따라 경제위기를 겪는 과정은 경제적·기술적 구조조정의 과정이므로, 경제위기가 기본적으로는 구조조정을 가능하게 하니 오히려 환영할 일로도 이해한다. 슘페터는 경제의 균형 상태를 기껏해야 일시적으로 통과하는 단계로 보았고, 어떤 경우에도 거시경제의 안정적 상태는 아니라고 했다.

우리는 전근대 시대의 경제위기와 관련해서 이런 경제적 교란 상황을 해결할 경제이론에 대해서는 거의 거론을 하지 않는다. 그렇다고 해서 사람들이 당시의 위협적인 결핍이 경제적 상황에

---

* 신고전파 경제학Neoklassische Theorie은 경제학의 한 학파로 시장이 어떻게 작동하는지를 설명하며, 고전파에서 진화한 경제학으로서 기본적으로는 부족한 자원에 대한 배분에 대해서 연구한다. 고전파 경제학과의 차이는 신고전파 경제학은 한계생산력이나 한계효용 개념을 사용하며, 시장 균형에 대한 가격의 기능을 강조한다는 것이다.

대해 아무런 생각이 없었다는 것은 아니다. 그 옛날 귀족들의 자문관들이나, 젊은 중상주의자, 관방학자官房學者들의 문헌에는 이에 대해 윗사람들에게 하는 여러 가지 충고가 적혀 있었다. 공권력의 사용과 비품 관리를 잘하고, 폭리를 얻는 가격이나 경제위기 상황을 악용하는 사례를 가격세나 규제로 사용해서 막으라는 등의 충고였다.

17세기나 18세기에 쓰인 '하우스패터리터라투어Hausväterliteratur'라는 별명이 붙은 경제학 책에는 '지속가능한 살림살이'에 대한 저자의 생각이 부가해서 적혀 있다. 이는 신중한 경제행위를 통해 가계의 생존, 때에 따라서는 어려운 조건 속에서의 생존 자체를 보장하려는 의도였다. 오늘날 우리에게는 보수적으로 보이며, 진보에 대해 회의적으로 보이는 이런 문헌도 여전히 정체되어 있던 당시 세계에서는 그래도 좋은 함의를 가져다주었다. 사람들은 이런 행위방식을 통해 당시의 경제 상태를 유지할 수 있었다. 다른 모든 시도는 당시로서는 너무 위험부담이 컸다.

고전파 경제학은 18세기 영국에서 태동한 후 유럽 대륙과 미국으로 퍼져갔는데, 경제위기를 '위기 그 자체an sich'로만 파악한다. 이들 고전파 전통에서는 늦어도 18세기 말엽까지 경제위기를 경기변동의 특정 현상이라고 보면서 그렇게 심각하게 여기지 않았다. 그럴 수 있다고 보았던 것이다. 경제위기는 그러나 외생적 요인으로 발생하는 경제현상으로 해석했다. 자본주의 경제는 이에 반해 뉴턴적 균형 개념에서 유래한 경제의 작동방식에 따라 경쟁과 자유로운 시장이 작동한다면 적어도 별 마찰 없이 돌아간다

고 파악했다. 그래서 프랑스의 경제학자 장 바티스트 세이Jean
Baptiste Say(1767~1832)가 주장한 것처럼 모든 공급은 스스로의 수
요를 창출하게 된다(세이의 법칙). 모든 재화의 생산에는 임금이 지
급되고, 이 임금은 소비에 쓰이기 때문에 생산된 것을 구매할 능력
을 갖게 된다는 것이다. 그러나 이런 세이의 법칙은 분배의 문제
를 간과하고 있음은 물론, 이런 관점이란 시장에서 어떤 시차도 없
이 각각의 경제행위가 이루어진다는 전제로 작동한다는 것이다.
어쨌든 최소한 이론적으로는 모든 재화는 구매자를 갖는다는 것
이 고전파 경제학자들의 생각이다.

영국의 철학자이며 경제학자인 존 스튜어트 밀John S. Mill(1806~
1873)은 이에 대해 경제행위에는 시차가 있으며 투기 현상이 있다
고 해도 이것이 가지는 시스템적인 의미는 적다고 정리했다. 이런
관점에서는 경제위기를 자본주의 시장경제의 정상적인 작동방식
의 한 현상으로 받아들일 수 없었다. 오히려 경제시스템 스스로
외부의 교란에 대해서 위기에서 자유로운 균형 상태로 다시 돌아
가려는 경향이 있다고 본다.

이러한 입장에 대해 영국의 국민경제학자인 토머스 맬서스
Thomas R. Malthus(1766~1834)와 스위스의 역사학자이자 경제학자인
생 시스몽디Simonde de Sismondi(1773~1842)는 반대했는데, 이들의 관
점은 받아들여지지 않았다.

19세기 전반기의 경제위기는 특히나 잘 파악할 수 없었다. 경
제위기는 외생적 요인, 특히 1817~1819년에 유럽 전역을 강타한
흉년처럼 기후적 원인으로 발생하거나, 또는 투기적 현상으로도

이해되었다. 그리고 이런 투기적 현상은 투자자의 잘못된 투자 행태에서 생기는 것으로 보았다.

칼 맑스Karl Marx(1818~1883)는 19세기 중반에야 처음으로 이런 현상을 매우 의미 있는 것으로 보고 이를 문제시했다. 이런 현상을 해석하는 과정에서 맑스는 균형 패러다임을 사용하지 않았고, 이런 경제적인 입장을 따르지 않고도 경제위기를 설명했다. 그 자신은 전적으로 '객관적인' 가치론의 덫에 걸려 있었다. 그의 가치론에 의하면 한 재화의 가치는 '객관적'으로 보아 생산비용, 특히 노동비용으로 결정된다는 것이다. 이런 가치론은 결국에는 그의 위대한 경제학적 저작의 출판 또한 어렵게 했다.

맑스 경제학적 관점의 핵심은 자본 증식의 과정과 조건에 있다. 자본이 더 많은 가치를 만들어내려면 인간 노동력을 사용한 재생산 과정이 있어야 한다는 것으로(임금), 이는 세이의 법칙을 기각시킨다. 왜냐하면 이윤을 실현하는 과정에서 세이가 이해한 것과 다른 문제가 생기기 때문이다. 생산된 재화의 가치의 합은 이를 위해 지급한 생산 비용보다 크기 때문에, 생산된 재화는 자신의 가치에 합당한 구매력을 찾을 수 없게 되거나, 경우에 따라서는 여러 재화의 가격이 이를 생산했던 노동가치보다 낮게 떨어져야 한다. 이런 상황이 되면 이 재화의 생산자들은 그들이 재화를 생산할 때 목적으로 삼았던 잉여가치를 시장에서 실현할 수 없다는 것이다. 그 결과로 자본 사이의 냉혹한 경쟁이 생기고, 그 자체로 위기적 상황이 될 수도 있다.

맑스에 따르면 이러한 자본 사이 경쟁의 결과로 모든 가치의 총합과 실현된 가격의 총합이 일치한다. 그래서 세이가 다시 옳은 측면도 있다. 자본가는 다른 자본가의 비용으로만 자신의 수익을 올릴 수가 있다. 이 점에서 자본주의는 근본적으로 경제위기를 불러일으킬 수 있는 자본가 사이의 경쟁을 가져오는데, 누군가 자신의 이윤을 극대화시키려면 반대편에 있는 누군가가 끊임없이 손해를 보아야 하는 상호 경쟁적인 전개과정이 생긴다. 이런 전개과정은 과잉투자, 과잉생산, 치열한 경쟁, 경제위기, 자본의 파괴, 그리고 새로운 시작으로 반복적으로 진행된다. 이와 함께 맑스는 이윤율의 경향적 저하 법칙을 제시한다.

맑스에 따르면 잉여가치는 가변자본(특히 사용된 임금 총액)에 대한 착취로 얻을 수 있으므로 총자본에서 가변자본이 차지하는 비율이 자본주의적 전개과정 속에서 고정자본(기계, 건물 등)이 차지하는 비율에 비해 점차 줄어들게 된다. 이와 함께 이윤율은 점점 떨어지고, 자본 간의 경쟁은 더 치열해진다. 이런 상황을 새로운 시장 개척(제국주의, 식민주의)을 통해 타개하려는 시도가 더 강화되지만, 이는 제한적인 성공만 겨우 거두게 되거나, 때에 따라서는 제국주의 모국 사이의 경쟁을 더 치열하게 만든다. 이런 과정을 지나면서 자본주의는 주기가 더 짧고 진폭이 더 큰 경제위기를 여러 번 겪게 되고, 위기가 더욱 심화하여 결국 최종적 체제의 위기에 직면하게 된다.

비록 노동가치론에 기반을 둔 맑스의 이 같은 이론적 기반이 불충분하다 할지라도, 맑스와 그 추종자들의 생각은 확실히 근대 자본주의 구조의 핵심적인 부분을 잘 설명하고 있다. 맑스에게 경기순환은 결국 다음과 같은 전제와 함께 설명된다. 호황기 때 자본가 사이의 경쟁 때문에 상품이 지나치게 많이 생산되어서(과잉생산), 이것이 결국 강한 경기 수축을 유도하게 된다는 것이다. 이러한 맑스의 자본주의 이해는 자신의 이론적이고 역사철학적인 학문 축적의 근간이 된다.

이렇게 맑스는 자본 간의 경쟁 시스템 가속화 명제를 제시하기는 했지만, 경제적이고 기술적인 구조의 변화를 간과했는데, 이런 변화는 그가 주장한 경쟁의 메커니즘 속에서 가속화된다. 이러한 구조 변화를 통해 자본의 증식 과정은 새로운 자본가에 의해서가 아니라 새로운 상품의 등장으로 시작된다. 이윤율의 경향적 저하가 현실에 부합하지 않은 것은 말할 것도 없고, 현실에서 경제위기는 자본주의 멸망으로 이어진 것이 아니라 자본주의의 부흥으로 이어졌다.

신고전파 경제학은 1880년대부터 거시경제의 상승기 중에서 활황기aufstieg를 경험했고, 1860년대 쥐글라Clement Jular가 이의를 제기할 수 없는 경기변동에 대한 관찰 결과를 제시했음에도 경기변동이 자본주의적 발전을 위해 필요한 시기라는 것을 받아들이지 않았다. 경제가 균형으로 가는 경향은 신고전파 경제학에서는 세이의 법칙에 의해서가 아니라 상품 판매 수입으로 비용을 감당할 수 있는 한에서만 자유로운 가격 기구는 작동한다는 것이었다.

신고전파 경제학의 관점에서 보면 가격은 재화의 가치가 작용해서 생기는 것이 아니라, 수요와 공급으로 균형가격이 결정되면 이에 따라 시장청산이 가능하게 되는 시장가격 방식에 의해 어쨌든 결정된다.* 가격의 자유로운 결정이 가능하다면 그에 따라 판매의 문제도 발생하지 않고, 비자발적 실업도 존재하지 않는다. 경제위기의 발생이나 경제의 전개과정을 교란하는** 것은 이런 관점에서 보자면 단지 외부효과의 결과이다. 특히 가격의 자유로운 결정을 막는 외생적 요인의 영향에 의해서 발생한다. 국가는 이러한 가격기구의 자유로운 활동을 보장해주고, 경제활동을 보호하는 기능(야경국가)을 해야 한다.

이러한 신고전파 경제학은 칼 멩거Carl Menger(1840~1921), 뵘 - 바베르크Eugen von Boehm-Bawerk(1851~1914), 윌리엄 제본스William S. Jevons(1835~1882), 레온 왈라스Leon Walras(1834~1910), 알프레드 마셜Alfred Marshall(1842~1924) 같은 학자들의 지지를 받는데, 이들에 의하면 경제위기는 내생적인 원인으로는 발생하지 않는다.

눈앞에 벌어진 경제위기의 원인을 금리 변동 시스템의 영향으로 보는 학자들이 있다. 크누트 빅셀Knut Wicksell(1851~1926)이 그 대표적인 학자이다. 시장이자율이 균형이자율보다 낮을 때 기업가들은 자본을 축적하려는 유혹을 갖게 되고 투자를 증가시키게 되어, 이에 따라 생산량이 증가한다. 이 규모가 소비자가 구매하려고 준비한 구매력의 규모보다 커지게 된다. 이 과정에서 과잉투

---

* 시장청산은 초과수요가 발생하지 않는 상태로 수요와 공급이 만나서 생산된 상품이 남거나 모자라지 않는 상황을 말한다.
** 경제적 교란의 대표적인 예로는 공급 충격, 화폐 공급과 수요의 변동, 재정정책의 변화, 소비지출 충격, 기술 변화, 물가 변동 등을 들 수 있다.

자가 발생하고 결국에 가격 폭락, 생산량과 매출 감소가 발생하며, 투자도 줄이게 되니 시장이자율과 균형이자율이 같게 된다. 이들은 이러한 금리 변동은 경제에 매우 큰 위험을 가져오며, 특히 중앙은행의 금리 정책은 거시경제의 균형을 파괴하게 하는 결과를 가져올 수 있다고 본다.

신고전파 경제학의 정치적 신념은 공권력이 경제에 최대한 적게 개입하고, 시장시스템의 작동을 방해하는 것들에 대해서 보호하는 기능을 하며, 경제가 스스로 발전하도록 두는 것이다. 그러므로 경제위기는 ─ 위기가 꼭 등장해야만 했다면 ─ 시장을 청산한다는 점에서 긍정적인 측면도 좀 있다. 잘못된 이자율 신호로 인해 발생한 잘못된 경제의 전개과정을 교정할 계기를 마련해준다는 측면으로 볼 수도 있기 때문이었다.

조지프 슘페터Joseph A. Schumpeter(1883~1950)에게 이러한 시장의 균형 상태는, 신고전파 경제학의 균형과 다르게 이른바 안정 상태stillstand로서 정태적 성격을 띤다. 이처럼 슘페터는 신고전파 경제학이 자본주의적 경제 질서의 동태적 움직임을 충분히 해명하지 않는다고 본다. 그래서 슘페터는 자신의 책『경제발전론Theorie der wirtschaftlichen Entwicklung』에서 혁신적인 기업가를 주축으로 하여 지속적으로 균형을 파괴하려는 과정이 있다는 사실을 주목한다. 균형 상태는 모든 기업가가 한계비용으로 생산하는 때이다. 이때는 모든 것이 변화 없이 현상 유지된다. 이런 상태에서 '기업가'와 슘페터가 말하는 순수 '장사치'의 차이가 나타난다. 기업가들이 자본주의의 전개과정을 끌고 나가면서 새로운 제품이나 새로운 공정

과정을 만들면, 이런 혁신은 경제에 확산된다. 모두가 다시 한계비용으로 판매하는 균형상태가 될 때까지 이 과정을 이끌어가며, 또다시 새로운 생산품과 공정을 제시하기까지 개척자 역할을 하는 사람이 기업가이다.

슘페터가 제시한 경기변동론의 핵심은 혁신의 사이클을 투자와 관련되는 쥐글라 순환과, 재고와 관련되는 키친 순환 및 장기 순환인 콘트라티에프 순환으로 나누어 보는 것이다. 콘트라티에프 순환은 러시아의 경제학자 니콜라이 콘트라티에프Nicolai Kondratjew가 처음 제시한 것인데, 그는 자본주의 국가 가격 변동의 장기 지표를 살펴보면서 장기적 파동이 있다고 주장한다. 이는 50~60년을 단위로 하는 장기 순환으로 단기 순환과 다르다. 이러한 장기 순환은 흔히 이야기하는 거시경제에 큰 영향을 미치는 기본 혁신*을 축으로 하여 긴 시간에 걸쳐 전체 거시경제에 중심에서 무엇보다 경기의 상승기와 하강기를 가져온다고 슘페터는 보았다.

1939년 슘페터는 경기변동론에 세 번의 장기 순환을 적시했

---

* 기본 혁신Basisinnovation은 슘페터가 만든 개념이다. 그는 자본주의의 기본 동력은 혁신적인 기업가의 창조적 파괴라고 했다. 여기서 기본 혁신은 그가 주장한 장기 순환(콘트라티에프 파동)의 기본이 되는 기술적 혁신을 말하는데 이에 따라 구시대를 마무리하고 생산 시스템과 조직의 변화로 새 시대를 연다고 했다. 뒤에 슘페터주의자(멘슈Mensch, 프리먼Freeman)에 의해 그의 혁신론이 발전되면서 혁신은 기본 혁신basic innovation, 보완 혁신improvement innovation, 사이비 혁신pseudo innovation을 거치고, 이 과정이 장기파동의 순환 동안 일어나고 이는 제품의 라이프 사이클과 관련된다고 본다.

다. 첫 번째 순환은 1787~1842년, 두 번째는 1843~1897년, 그리고 세 번째 순환은 1896/1897년에 시작했으나 1930년 현재 채 종료되지 않았다고 했다. 1929년에 닥친 글로벌 경제위기를 이겨내기가 특별히 어려운 이유로 슘페터는 자신의 이론에 따라서 쥐글라 순환과 장기 순환의 전환점이 겹친 탓이라고 했다.

슘페터에 따르면 경기 하강기와 경제위기는 그 이전 호황기가 자동적으로 가져오는 결과이다. 호황기에도 경기변동은 있지만, 전반적으로는 경기상승 추세로 방향이 지어진다. 충분한 혁신이 따르고 주위의 만류에도 이를 추진할 기업가가 충분히 존재하는 동안에 호황은 지속하게 된다.

이러한 슘페터의 경기변동론은 제1차 세계대전 이전에 등장했고, 1930년대에 완성되었다. 그러나 당시에는 동시대인들의 전폭적인 지지를 받지 못했다. 그 이유는 그의 이론이 잘 알려진 '경제정책 숙명론'과 연관되었다고 보였기 때문이다. 어쨌든 시대는 당면한 경기 상황 해석을 위한 이론을 요구했지만, 슘페터는 기업가론과 혁신에 대한 일반적인 설명방식을 제공한 것을 제외하고는 별다른 경기변동론을 제시하지 않았다.

두 차례의 세계대전 사이에 겪은 경제적 경험으로 인해 어쨌든 신고전파 경제학의 경제적 자유주의도 어려운 시기를 맞았다. 전쟁으로 인한 자본 파괴와 물가상승에도 경제는 경제위기에서 경제위기로 비틀거리며 가고 있었기 때문이다. 확실히 노동시장의 불균형 상태가 지속하였는데, 이런 불균형 상태가 안정적으로 지속되었다.

이런 시대적 상황은 존 케인스John M. Keynes(1883~1946) 경제학 이론의 핵심이 되었다. 균형이론의 영향 아래에서 공부를 한 케인스의 경제학적 발상은 단순한 것이었다. 불균형은 확실히 지속한다는 것이다. 그는 불균형이 지속하는 원인에 대한 의문을 가졌고, 이에 대한 대답으로부터 그것의 해결책도 나올 수 있게 했다. 케인스는 노동시장 불균형의 배경에서 전체 거시경제의 유효수요 부족이 있다고 믿었다. 이는 다시금 생산 요소 중에서 노동의 사용을 줄이는 결과를 낳는다. 케인스에 따라 이와 같은 수요 부족의 이유를 요약하여 설명하면 기업과 가계의 성향 속에서 답을 찾을 수 있다. 미래에 대해 부정적으로 보거나 강한 불확실성을 인지하는 기업과 가계는 투자와 소비에 주춤하는 성향을 나타내는 동시에 유동성에 대해 선호 현상을 보인다.

경제주체가 이렇게 경제적으로 행동하지 않고, 이것이 경제의 순환 과정에 이러한 대대적인 방해를 하는 현상에 대해서 모든 소득이 자동으로 소비재와 투자재에 대한 수요가 된다는 신고전파 경제학은 해명할 수가 없었다. 이러한 유동성 선호가 가져온 수요 부족을 케인스의 이론에 따라 국가가 나서서 유효수요가 공급과 균형이 될 정도로 국가의 수요를 자동으로 증가를 시키면(혹은 부채로 만든), 노동시장의 균형도 이루어진다. 이러한 과정을 경제시스템이 다시 제대로 작동하게 될 때까지 증가시키면, 국가는 지급했던 공적자금을 다시 회수하게 되고, 시장개입을 위해 빌렸던 국가 부채도 갚게 된다.

이 같은 경제 운영에 대한 아이디어와 함께 경기순환에 대응하는 경제정책 사상이 탄생하였다. 이 사상의 기본 틀은 거시경제의 균형은 경우마다 저절로 맞추어지는 것이 아니라, 국가 개입의 도움을 받아야 이루어진다는 것이었다. 잘 알려진 심리적 경제위기론도 국가가 경제를 도울 수 있다는 이런 관점과 연결되어 있다.

경제에 대한 이런 관점은 신고전파 경제학과 어느 정도는 맥을 같이할 수 있었다. 그러나 분명한 것은 케인스 경제학에서는 거시경제의 균형이 저절로 이루어지지 않는 상황에서는 국가가 적극적으로 개입해야 한다는 것이 강조되었다는 점이다. 어쨌든 제2차 세계대전 이후에는 시대의 요청에 걸맞게 신고전파 경제학과 케인스 경제학 사이의 통합이 이루어졌다(신고전파종합).* 경기변동은 이런 통합적인 관점에 따라 외부적 충격과 내부적 변화의 결과로 받아들여졌다. 즉 경기변동은 경제 시스템 전체나 시스

---

* 신고전파종합neoclassical synthesis은 케인스 이전의 신고전파 경제학과 케인스 경제학을 종합한 경제학으로, 폴 새뮤얼슨이 그의 『경제학Economics』 제3판(1955)에서 명명했다. 주장의 요지는 케인스주의에 따라 재정과 금융정책을 사용하여 노동시장의 균형(완전고용)이 되면 시장가격기구가 다시 작동하여 신고전파 경제학neo classical economics의 주장이 다시 타당해진다는 것이다. 이 주장의 오류에 대해 많은 비판이 제기되었고, 새뮤얼슨은 『경제학』 제8판(1970)에서 이 표현을 삭제한다. 이후 거시경제학은 한층 진화하여, 신고전파의 손자뻘이라고 할 수 있는 새고전파 경제학new classical economics과 케인스의 손자뻘인 새케인스학파 경제학New Keynesian economics의 종합으로 새신고전파종합new neoclassical synthesis의 시대를 열었다. 이 경제학은 2008년 글로벌 경제위기로 파산을 맞게 되었지만, 아직 대안이 제시되지는 못하고 있다.

템 일부분이 충격이 된 요인에 대해서 스스로 변화하거나 대응하면서 생긴 것이다. 여기에다가 사용한 대응 정책은 승수효과나 가속도 효과*를 통해서 더 강력하게 서로 주고받으면서 경제에 작용한다. 결과적으로 이러한 경제성장의 동학은 지나치게 과열될 위험을 갖게 된다. 여기서 목표는 단지 경제에 질서를 세우는 것만이 아니라 경제 진행 과정에 대한 국가 개입을 통해 균형을 이루는 성장 상태를 유지하는 것이다.

이러한 공격적인 정책 대응은 임의로 하는 것이 아니라 거시경제에 대한 분석을 통해서 한다. 따라서 이런 분석은 독자적인 경제 시스템을 통계적이며 수학적 방식을 통해 정확하게 모형으로 만들고, 각각의 변수들의 변화에 대한 적응 반응을 가능한 한 정확하게 파악할 수 있게 해야 했다. 이렇게 해서 만들어진 경제성장론과 경기변동론의 가정이 전체 거시경제를 조정할 근거를 만들어주었다. 1950년대와 1960년대에는 이러한 관점이 전 세계적으로 경제정책 수행 모형의 주류가 되었다. 1967년 서독에서는 경제안정화 법안이 의회를 통과했고 이는 '포괄적 조정'**으로 유

---

* 승수효과와 가속도 효과 과정Multiplkator-Akzelerator-Prozess에서는 승수이론과 가속도 이론을 결합하여 경기변동 과정을 설명한다. 승수효과는 지출 (소비, 투자)증대로 유발되는 소득증대를 말하는 것이고, 가속도 효과는 소득증대가 다시 수요(투자, 소비)증대를 유발시키는 것을 말한다. 따라서 승수이론과 가속도 원리를 결합시키면 소득변화와 투자변화의 상호작용이 가져오는 종합적인 결과를 도출할 수 있게 된다. 잘 알려진 승수효과와 가속도 모델은 폴 새뮤얼슨Paul. A. Samuelson(1939), 존 힉스John. R. Hick(1950)에 의해 발전했다.

명해졌다.

1970년 초반에 와서 이러한 케인스식의 경제정책이 작동하지 않는 사례가 속출하게 되었다. 국가의 재정 지출 증가에 따른 물가 폭등을 관리하는 것이 더는 가능하지 않게 되었고, 가벼운 물가 상승을 무릅쓰고도 이루려고 했던 경제정책을 통한 경제의 역동성에 대한 기대도 실망으로 변했기 때문이다(스태그플레이션).

이처럼 케인스 경제학이 주장한 '포괄적 조정'이 위기를 맞자 '통화주의*'의 시대가 열렸다. 시카고의 경제학자 밀턴 프리드먼 Milton Friedman(1912~2006)과 아나 슈워츠Anna J. Schwartz는 사실 미국의 통화정책 역사에 스태그플레이션이 같은 상황이 벌어지기 전부터 이 같은 주장을 했다. 특히 이들은 두 차례의 세계대전 사이에 발생한 경제위기는 미국 중앙은행의 억제적인 통화정책에서 기인한다고 주장했다. 이러한 이들의 주장에서 도출된 결론은 통화량과 거시경제의 동학이 평행적으로 발전하지 않으면 경제위기는 언제나 발생한다는 것이다. 따라서 경제의 정상적 운영을 위해서는 물가의 지나친 상승과 하락을 정확하게 방지할 수 있어야 했다는 것이다. 왜냐하면 이러한 현상이 결국 경제위기의 상황을 만

** 포괄적 조정Globalsteuerung은 케인스의 경제정책에서 주장하는 것으로 국가가 총체적인 책임을 지고 경제를 안정시키는 것을 의미한다. 현재에도 많은 나라에서 경제안정법을 제정하여 국가에게 법적 권한을 주고 있다.

* 통화주의Monetarismus는 이상적인 통화량에 대한 이론을 제시한 경제학파로, 전통적인 케인스 경제학과는 달리 소득이론이나 고용이론보다 인플레이션에 대한 이론을 강조한다.

들기 때문이다. 그리고 자유로운 시장시스템이 작동하기 때문에 올바른 통화정책을 수행하면서 국가의 시장 개입을 최소화시키면 경제위기는 해결된다고 했다.

1970년대 증가하던 국가 부채와 저성장은 미국은 물론 영국에서도 그때까지 주로 사용되던 케인스식 경제정책과 이와 연관된 사회정책들의 유효성이 토론에 부쳐졌다. 왜냐하면 실제로 이같은 정책 집행에도 불구하고 경제의 동력이 점점 더 탄력을 잃어갔기 때문이었다. 맨커 올슨Mancur L. Olson(1932~1998)은 이러한 상황에 대해 조직의 이해가 공공의 경제행위에 영향을 미친다는 주장을 덧붙였다. 그는 경제정책을 실행할 때 점점 더 정책입안자의 소속 정당의 이해를 위해서 전체 구성원의 복지가 희생되고 있다는 것을 실증해주었다.

세계화, 구조의 재조정, 세계 자본시장과 금융시장의 개방과 통화량 조정정책 등 일반적으로 신자유주의 경제정책이라고 부르는 이런 정책들은 어디까지나 1970년대의 경제위기를 극복하기 위해서 경제이론에서 영감을 받은 정책적 대응이었다. 늘어나는 국가부채와 떨어지는 경제동학과 더불어 빛바랜 케인스주의 경제학은 이후 뒤이은 시대에는 죽었다고까지 표현되었다. 그러나 케인스 경제학은 21세기의 경제위기와 함께 다시 살아나고 있다.

특히 문제가 된 것은 경제위기와의 '전투'와 새로운 경제정책과 금융정책에서의 신케인스주의적 처방이었다. 이는 하이먼 민스키Hyman Minsky(1919~1996)가 지지했고 폴 크루그먼Paul Krugman이 주장한 것처럼, 미국에서 통화주의 경제학의 우위를 제거하려는 시도였다. 민스키가 주장하는 바의 핵심은 그의 경제이론의 전제 속에 있다. 금융시장의 투자자는 완전한 시장균형이 가능하도록 행동하지는 않는다. 이들은 대개 합리적으로 행동할 수 있는데도 시장의 작동방식에 상응하는 결과를 가져오게 되는 것과는 다르게 행동한다. 금융시장은 투자자가 가지는 미래에 대한 불확실성으로 인해 구조적으로 불안정하다. 따라서 특정한 경기 상황에서 위기가 극단화될 수 있는 변동성을 가지고 있다. 이런 관점에서 민스키는 그의 학문적 작업 속에 불확실성과 경기순환 경험과 함께 금융시장의 구조적인 불안정성 가설을 제시했다.

이 같은 금융시장의 내생적인 불안정성이라는 민스키의 가설을 모든 경제학자가 받아들이지는 않았다. 폴 데이빗슨Paul Davidson 과 찰스 킨들버거Charles Kindleberger(1910~2003)도 이러한 불안정성에 대해서 연구했지만 이를 경기순환의 원인이나 발현의 형태로 생각하지는 않았다. 데이빗슨은 이러한 경제주체의 불확실성에도 불구하고 금융시장이 안정적이라며 감탄했고, 킨들버거는 이러한 금융위기는 피할 수 없는 것으로 보았다. 그는 이런 위기는 거시경제의 움직임의 주기와 함께 발생하는 것이 아니라 경제주체의 투기에 대한 열망과 신용시스템을 통해 통화량이 증대되면 발생한다고 보았다.

이러한 각각의 진단에 따라 정책적 대응도 달랐다. 데이빗슨은 제도적 감시를 강조한 것에 비해, 킨들버거는 이런 경제위기를 피할 수 없는 것으로 보았다. 이러한 경제위기론 논쟁이 어떻게 발전하는가는 현재로서는 정확히 알 수 없다. 그러나 분명한 것은 완전 경쟁시장의 이념은 경제주체의 합리적 행위에 대한 가설처럼 가까운 미래에 그 영향력을 상실할 것이라는 점이다. 정책의 무게 추는 금융시장에 대한 더 강력한 규제로 기우는 것 같다. 그러나 이런 규제정책이 무엇을 의미하는지는 여전히 확실하지 않다.

경제위기에 대한 이론적 논의를 요약하자면 다음과 같다. 사실상 경제위기에 대한 고유한 이론은 없지만 경제위기를 균형의 교란이라고 보는 관점에는 더 많은 지지가 있다. 이는 경제위기를 필요하거나 피할 수 있는 종류의 현상으로 보는 입장이다. 우리는 특히 통화주의 경제학과 케인스주의 경제학의 전통 속에 있는 수많은 학자들이 경제위기를 피할 수 있는 현상으로 이해한다는 인상을 받는다. 그러므로 이들은 경제위기를 정치적 놀이판에서 어느 정도 조정할 수 있는 것으로 보며, 정치는 지속적인 경제발전을 위해 합당한 정책적 대응을 제시해야 한다고 주장한다.

물론 역사적인 사실은 이와는 다르게 나타났다. 왜냐하면 국가가 적극적인 경기조절 정책을 시행할 때 정책의 효과와는 별개로 국가가 빠르게 과잉부담 상황에 처하게 되기 때문이다. 경제위기는 맑스와 슘페터가 옳게 지적한 것처럼 더 근본적으로는 자본주의의 구조변화의 시간이며, 이런 경제위기를 거치면서 경제는 구조변화에 필요한 과업을 완수한다.

이처럼 근대의 경제위기는 자본주의의 고유한 특징이며, 고유한 특징인 한에서 자본주의 고유의 현상이다. 다른 측면에서 보자면 앞으로 제시되는 경제위기에 대한 설명은 모든 경제위기가 각각의 고유한 특성이 있다는 것을 보여준다. 그러므로 경제위기의 원인을 자본주의 시스템에서 규명하는 일은 경제위기에 대해 총체적인 이해를 가져오기에 조건부적인 함의만을 가질 수밖에 없다. 따라서 각각의 경제위기가 가지는 역사적인 고유성도 추가적으로 파악해야 한다.

3

옛 유럽의 처참함

산업화 이전 시대의 경제위기

✳

　19세기 중반까지 옛 유럽 세계에서 사람들은 경제적으로 힘
겹게 살았다. 기후조건의 악화에 따른 농업 수확량의 감소가 사람
들의 생존에 지속적인 위협이 된 것이다. 기후조건의 악화에 따른
농업의 위기는 그전에 풍년이 들어 인구가 증가했을수록 참혹했
다. 그래서 그 시절에는 투기에 의한 경제위기가 정말로 드물었
다. 이런 전근대 시대에도 국가 부도 사태의 발발은 그렇게 드물
지는 않았지만 경제적으로는 농업위기보다는 의미가 더 적다고
할 수 있었다. 물론 17세기부터는 이러한 농업위기도 자연히 하나
의 특정한 형태를 갖추었고, 이런 방식은 오늘날까지 유지되고 있
다. 그렇기 때문에 더 오래된 『농업위기와 농업적 경기순환』(빌헬
름 아벨)*과 전근대 시대 각각의 투기에 의한 경제위기, 양자 모두

---

* 　빌헬름 아벨Wilhelm Abel(1904~1985)은 독일 계량경제사의 개척자이자 농
　　업역사가이다. 중세에서 근대까지의 유럽에서 농업과 분업, 유통, 식량 공

를 자세히 살펴볼 가치가 있다.

⊃ 고대 시대type ancien의 경제위기

고대의 자급자족 경제에서는 생산자가 자신의 생산물을 직접 소비했는데, 농산물 작황의 변동은 무엇보다도 수확량에 반영되었다. 흉년이 들면 생존을 위협하는 급격한 경제위기가 널리 펴졌다. 흉년에는 사람과 가축이 생존을 위해 소비해야 할 에너지원이 부족했기 때문이다. 풍년에는 그와 반대로 사람과 가축의 수가 증가했다. 이런 인구증가는 다음에 찾아온 경제위기 기간에 더 견디기 힘들게 되는 요인이 되었다.

늦어도 중세 후기부터는 순수하게 자급자족만 하는 경제시스템이 중부와 서부 유럽에서 드물어졌다. 당시부터 유럽에서는 농산물 거래가 직·간접적으로 지역시장과 지방시장을 중심으로 이루어졌다. 농민들은 자신의 농업 생산품 중 일부를 팔아서 세금도 내고, 필요한 재화와 서비스를 사기도 했다. 따라서 이미 부분적으로 시장시스템이 도입된 곳이나 더 광범위하게 시장이 형성된 지역에서는 농업 생산물 수확량 변동에 대한 정보가 전해졌고, 이 같은 수확의 변동은 상황에 따라서 가격에 매우 심각한 영향을 미쳤다. 이 영향을 정형화시켜서 보면 다음과 같다. 즉 수확량이 적

급, 인구의 관계를 밝혔다. 『농업위기와 농업적 경기순환Agrarkrisen und Agrarkonjunkturen』은 1935년에 출판된 그의 저서이다.

어지면 가격이 오르고, 수확량이 많아지면 가격이 내렸다. 이러한 상황은 주의할 만한 현상을 가져왔다. 더 많은 수확은 시장가치의 하락을 의미했으므로 모든 공급자가 수확량 증가에 관심을 가지지는 않았고, 그보다는 수확량이 많으면 가격을 안정시키기 위해 공급을 인위적으로 줄이는 것에 관심이 쏠리게 된 것이다. 이런 이윤 전략은 실행될 때마다 농촌과 도시 주민 일부의 강한 저항을 낳았고, 행정 당국은 이에 대해 공급자의 행위를 제한하는 수많은 훈령을 반포하는 것으로 이런 종류의 판매 관행을 저지하려 했다.

일반적으로 전체적인 상황은 더욱 복잡했다. 비농업 인구의 구매력이 적어도 일반적 상황에서는 적었기 때문에, 농산물 가격 상승이 먼저 비농산물 재화에 대한 수요량 감소로 이어졌다고 추측하는 것은 상당히 설득력이 있다. 왜냐하면 비농업 인구의 자기 수입 중에 식료품 구매에 사용하는 비중이 더 높아졌을 것이기 때문이다. 이처럼 농산물 가격이 고공행진을 하면 사람들은 질 좋은 식료품을 더 질이 낮은 식료품으로 대체하게 되고, 결국 가난한 계층이 기아와 병마에 시달리고 구걸과 범죄가 증가하여 사망률도 높아진다.

농산물 가격 상승은 그러나 단지 도시와 농촌의 소비자에게만 영향을 미치는 것은 아니다. 농산물 가격 상승으로 인한 수공업 물품에 대한 수요 감소는 다시 수공업 물품의 가격을 하락시켰다. 이렇게 되면 도시나 농촌의 수공업자들은 그들의 생산 비용을 낮추려고 노력하거나 스스로 생산 활동을 중단하게 된다. 이처럼 농산물 가격의 상승은 수공업 생산의 감소를 가져오고, 이에 따라

임금이 하락하고 비농업 부문의 실업률이 올라간다. 이렇듯 농산물 가격의 상승은 당시로서는 헤어 나오기 어려운 딜레마가 되었다. 이는 무엇보다 농산물 가격이 올라가는데 수입이 줄어드는 상황으로 귀결된다. 결국 수공업자와 상인의 소득도 줄어들게 되는 것이다.

물론 이 문제를 모든 가계가 직면하는 것은 아니다. 농산물 공급자는 더 다양한 상황 아래에 놓이게 된다. 시장점유율이 높은 공급자라면 판매량 감소를 가격 상승으로 무마시킬 수 있다. 농산물 수확이 줄어들었는데 오히려 시장에서 이윤이 넉넉히 남기도 한다. 그러나 보통 정도의 규모이거나 더 영세한 농민들은 시장점유율이 적었기 때문에 수확량 감소와 이에 따른 가격 상승에 시달렸다. 팔 수 있는 농산물의 수량이 더 적어지거나 아예 없었기 때문이다. 이런 상황에서도 이들도 식료품과 종자를 사야 했다.

이런 상황이 지속하는 한 농촌의 하층민에게 수확량 감소는 파국이었다. 식량을 마련할 다른 대안이 거의 없었고, 이용 가능한 '공유지Allmande'*도 빠르게 남용되었기 때문이다. 이런 상황으로 농업생산량 감소에 의한 경제위기가 발생하면 기아와 걸식이 광범위하게 퍼졌다. 따라서 농촌에서 도시로 이주하는 경우도 드물지 않았다. 도시의 행정조직인 '도시참사회'의 물품 관리 정책으

---

* 고대 독일어 'Allmande'는 '공동의 모든 것'이란 뜻으로 공유지를 가리킨다. 오늘날에도 스위스 알프스 지역이나 독일 슈바르츠발트의 일부 지역에는 남아 있다.

경제위기의 역사: 위기는 자본주의 경제의 숙명인가

로 인해 도시는 농촌보다 생존하기가 조금 더 쉬웠다. 지주 외의 대다수 인구가 어마어마한 경제위기에 시달리는 동안, 농산물 가격 상승은 누구보다 농산물 대량생산자, 즉 '지주'들에게 큰 이익을 가져다주었다. 그러나 풍년에는 도시 거주자들도 많은 농촌 인구처럼 이익을 보았다. 합리적으로 일하는 큰 사업장에서는 농산물 가격 하락이 소득 하락의 원인으로 작동했다.

만약에 단기적인 관점에서가 아니라 중·장기적인 관점에서 이러한 역사적 발전상을 통해 산업화 이전 시대의 농업적 경기변동과 농업위기의 상관관계를 살펴보면, 인구 변화까지 고려할 때 조금 복잡한 측면이 있다. 옛 유럽에는 인구 변화와 경제 현상 사이에 일반적으로는 일종의 연관관계가 있었다. 이 관계를 모형화시킨 이론으로도 이러한 인과관계가 확인된다. 인구 증가와 함께 먼저 농업과 수공업의 생산량이 늘어난다. 농산물 가격이 상승하고, 임금이 올라가고 (대부분 고정된) 세금의 절대량도 증가하나, 세율은 정체되거나 떨어진다. 그러나 인구증가율이 농업 생산성보다 더 높으면 결국에 경제학자 맬서스가 주장하는 것처럼 개인당 식량의 공급이 줄어들고, 사람들의 생존가능성이 적어진다. 그러면 이제 사회는 반대 방향으로 작동하게 된다. 인구가 줄면, 생산량이 감소하고 세율이 올라가며 농산물 가격이 하락하고 실질임금은 올라가게 된다.

이 같은 작동 방식은 중기나 장기적인 변화 과정(장기 순환)에서는 다르게 나타난다. 중·장기적 관점에서 보면 경기상승기에도 1인당 소득이 낮아진다. 즉 장기 순환에서는 일반적으로 경기상승기에 1인당 소득이 낮아지고, 경기하강기에는 인구가 감소하고 물가가 낮아져서 인구 대부분의 삶의 수준이 오히려 올라간다.

비판적으로 살펴보면 무엇보다도 이 시기에는 중기적 관점에서 보아 인구의 중기적인 성장 동력이 점차 떨어져 인구정체기를 맞게 되고, 다시 기아와 질병과 이에 따른 사망으로 인구가 다시 줄어들었다. 이는 14세기 중엽 이후의 페스트가 창궐한 시대 이후부터나 16세기의 2/3 지점부터 있었던 소빙하기* 시기로, 유럽 온도가 16세기 마지막 1/3기부터 19세기 중엽보다 평균 기온이 낮은 현상이 발생하면서 인구가 감소했다. 단기적인 수확량 변동이 인구에 미치는 영향은 전체 경제가 장기적으로 상승기에 있는지 하강기에 있는지에 따라 달랐다.

여기서 1800년 이전 시대의 유럽 경제의 중기적인 발전 과정의 특징을 살펴보면 다음과 같다. 유럽은 전체적으로 지역별, 국가별 차이가 있음에도 하나의 공통된 특정 움직임이 확인되는데, 그 확실한 특징은 인구 증가였다.

14세기 초엽까지 유럽은 경기의 상승기에 있었고, 거기에 부합한 인구증가가 있었다. 그러나 페스트의 창궐로 인구가 급격하게 감소하고 경제위기가 발생했다. 15세기에는 인구가 느린 수준

---

* 소빙하기Kleine Eiszeit의 원인에 대해서는 태양 흑점설, 화산 폭발설, 혜성 원인설, 해양 조류설 등이 있는데, 이 시기에는 정상기온보다 1.3℃가 낮았다고 한다. 이에 따라 사회적 긴장이 높아지고, 인구가 감소하고 토지의 황폐화 현상이 나타났다.

　　　　　경제위기의 역사: 위기는 자본주의 경제의 숙명인가

으로 증가하다가, 16세기의 1/3분기와 2/3분기에 다시 천천히 증가했다. 16세기 후반기와 17세기에 발생한 중부 유럽의 경제위기로 최소한 유럽 중심부의 인구는 다시 감소했다. 그리고 이후 18세기가 되자 인구는 점차 회복되었다.

이런 역사적 상황이 발간 당시에도 많은 논란을 불러일으킨 토머스 맬서스가 쓴『인구론』의 정당성을 지지했다. 이 학설의 요지는 인구는 식량의 증가 속도보다 빠르게 증가한다는 것이다. 그리고 이런 상황이 발생하면 자연히 식량과 인구 사이의 적응 위기가 오게 된다. 따라서 사회적 책임 있는 사람들이 나서서 인구의 급격한 증가를 막아야 한다는 것이다.

경기상승기에는 무엇보다 상대적으로 적은 인구와 경기상승기가 가져다주는 좋은 여건으로 삶의 수준이 높아진다. 이와 반대로 지속해서 인구가 증가하면 삶의 수준이 떨어진다. 따라서 상대적 과잉인구 상황이거나 기후적 요인으로 생산력에 어려움이 생긴다면 힘든 경제위기가 발생하게 되어 있다.

이런 가설에 부합하여, 15세기 유럽 사회의 생활수준은 다른 시기에 비해 높았다. 이를 역사적 자료를 통해 확인하면 당시 1인당 고기 소비량이 상당히 많았는데, 지역에 따라서는 그 양이 20세기가 되어서야 처음으로 당시의 수준에 도달할 만큼 많았다. 아메리카 신대륙에서 금과 은이 추가로 들어오고, 무엇보다 인구가 증가하자 물가가 상승했으며, 16세기 2/3분기에 삶의 수준은 다시 떨어졌다. 중세 빙하기에 와서는 인구가 급감하고, 독일에서는 30년 전쟁으로 17세기 후반까지 인구가 감소하였다.

16세기 중엽 이후 시골에서는 음식을 조리하는 방식이 변했는데, 브라이와 무스* 같은 좀 더 소박한 음식을 먹었다. 많은 지역에서 가축이 인간의 식량 경쟁자가 되자 시골에서는 가축이 아예 사라졌다. 18세기가 되어서야 이 상황이 좀 더 좋아졌지만, 대규모 기아는 여전히 사라지지 않았고 기본적으로 대개 19세기까지 지속하였다.

농촌에서는 생태적으로 큰 문제가 될 정도로 이용 가능한 토지를 과다하게 사용했고, 이에 대해서는 많은 사료에서 확인된다. 이에 따라 인구가 증가하는 상황에서 농업생산력이 적게 증가하자 식량 확보를 위한 경쟁이 치열해졌다. 이런 과정은 지역에 따라 매우 다르게 전개되었다. 중부와 동부 유럽에서는 18세기 말까지 겨우 조그마한 변화만 있었던 것에 비해, 영국 일부와 프랑스 북부, 특히 네덜란드에서는 18세기 초부터 생산력 향상으로 삶의 질이 크게 향상되었다.

이러한 변화의 공간에 물가상승의 위기와 기아 위기가 찾아왔다. 여기에서 이런 위기 중 한두 개의 사례는 자세히 살펴볼 필요가 있다. 1571년부터 1574년(소빙하기의 시작)에는 추운 겨울이 계속되었고, 봄에는 비가 많이 와서 큰 흉년이 들었다. 이는 무엇보다 중부 유럽에 엄청난 물가상승을, 특히 곡물 가격 상승을 가져왔다. 내륙에 비해 쉽게 생존할 가능성이 있던 항구 도시들은 이

---

* 유럽에서 먹는 음식으로, 브라이Brei는 곡물로 된 죽의 일종이고, 무스Mus는 퓌레의 일종으로 과일 등을 끓어 으깬 걸쭉한 잼 같은 것이다.

위기를 비교적 무사히 이겨냈다.

그 외 지역에서 기아와 사망이 증가하고 '공격적인' 구걸 행위가 광범위하게 자행되었다. 많은 도시에서 이에 대해 가령 이방인 이주금지법 같은 대책을 마련했고 이를 집행했다. 뉘른베르크나 아우스부르크는 이런 대책과 함께 곡물을 추가로 판매하여 그곳 거주민을 재난에서 구제하려고 했다. 그러나 이런 노력도 큰 도움이 되지는 않았다. 이러한 많은 대책에도 불구하고 그 시절 아우스부르크의 사망률은 증가했다. 그 시절의 아우스부르크에 대한 사료에는 이렇게 적혀 있다. "농촌에는 먹을거리가 아무것도 없었기 때문에 농촌 사람들이 우르르 아우스부르크 성문 앞으로 몰려가서 먹을거리와 일거리를 구걸했다. 한 아우스부르크 시민이 전하기를, '농촌' 사람들은 기아와 체력 고갈로 더는 걸을 수 없고, 굶주려 반죽음 상태인 경우가 많다고 했다." 그리고 튜링의 연대기를 읽어보면 다음과 같이 적혀 있다. 1571년에는 "매일같이 곡물 값이 올라가자 가난한 사람이 크게 탄식하고 비참함에 빠진다. … 가난한 아이들은 너무 배가 고파서 어린 나뭇잎을 먹는다"(Abel, 1986)고 했다.

비슷한 극적인 상황이 기후가 나빴던 1771년과 1772년에, 특히 작센과 바이에른 그리고 스위스 지역에서 발생했다. 짧은 시간 내에 농촌 사람들은 완전히 빈곤해졌고, 기아가 창궐하자 종종 목격되던 동족 식인 현상도 발생했다. 이런 상황을 타개하기 위해 사람들은 합당한 당국의 대책을 요구했다. 물론 지역에 따라서는 이런 대책이 이미 도움이 되지 않은 상황이었다. 안스바흐에서는 개가 모두 죽었고, 그곳에서는 적은 대가만 받고도 참새를 잡았기 때문에 참새도 멸종되었다. 이는 사람들이 이들을 사람과 식량을 다투는 존재로 보았기 때문이었다. 어떤 대책도 이런 상황을 구제할 수 없었고, 당시 목격자들도 그러한 대책이 효과가 없었다고 전한다.

1772년 가을 에르츠 산맥에 있던 한 목사는 다음과 같이 적었다. "비참함을 보았습니다. 거주민은 대부분 당장의 도움이 절실할 만큼 헐벗어서, 걸치고 있는 옷으로는 배도 제대로 가릴 수 없습니다. 무엇보다 그들은 집에는 살림살이도 침대도 없습니다. 집주인이 죽으면 그 이웃들이 그 집을 무너뜨렸는데, 그들과 자식들이 며칠이라도 연명하기 위해 죽은 이의 집에서 나온 목재를 땔감으로 쓰는 것이었습니다. 많은 이들이 자신이 무슨 병에 걸렸는지 알지도 못한 채 고통을 호소하고 있습니다. 몸이 붓고, 기침하고, 매우 힘들어하며 비틀거리고, 아마도 오장육부가 뒤틀린 것 같습니다. 14일 전에 아이벤스토크 지역에서는 흔히 흑곰이라고 부르는 짐승을 잡으러 숲으로 간 두 아이가 기력이 쇠진해서 길에 쓰러져 죽은 채 발견되었습니다"(Abel, 1986).

16세기 말과 18세기 말에는 겨울에 혹한을 맞고 봄에는 폭우가 쏟아지자 대기근이 들었다. 1816년에는 인도네시아의 탐보라 Tambora 화산이 폭발하였는데, 이 화산 폭발은 지난 만 년 동안 있었던 폭발 중에 가장 참혹한 것이었다. 북아메리카와 유럽 많은 지역에는 여름이 아예 없었다. 이것이 1816년과 1817년의 농산물 수확에 무시무시한 결과를 가져왔고, 적은 수확량과 높아진 곡물

가격, 광범위한 기근이 중부 유럽에 발생했다. 그럼에도 이 시기에 와서 최소한 중부와 서부 유럽은 종말적 폭발력을 가진 고대 시대의 유럽형 경제위기와는 드디어 결별을 했다.

1846/1847년 사이에 유럽 전 지역의 기상 상황이 나빠 농산물의 수확량이 줄었다. 그런데도 곡물 가격이 급등하지는 않았는데, 이는 식량으로 재배된 감자가 일정 정도 역할을 해냈기 때문이었다. 유럽에 감자 재배가 시도된 이후로, 최소한 가난한 계층은 곡물에서 감자로 주식 메뉴를 바꾸었다. 열량을 얻는 것을 기준으로 할 때, 전통적으로 재배되던 곡물에 비해 감자는 재배면적당 수확량이 훨씬 많았다. 따라서 감자 생산량이 감소하고 농산물 가격이 올라가면, 생존이 더는 불가능할 정도로 농촌 지역 사람들은 비참한 상태에 빠지게 되었다. 가장 심각하게 이 문제와 맞닥뜨린 곳은 아일랜드인데 그 몇 년 사이에 인구의 2/3이 감소했다. 이 중 1/3은 죽었고, 나머지 1/3은 살기 위해 아메리카로 떠났다. 이로 인해 발생한 인구 감소를 아일랜드는 20세기가 한참 지난 시점까지도 회복하지 못했다.

유럽 대륙에서도 1846/1847년에 농업위기가 왔지만, 과거처럼 그렇게 혹독하지는 않았다. 농산물 부족 지역과 과잉 지역 사이의 교환을 가능하게 해주는 기찻길이 있었기 때문이다. 그런데도 이러한 교환을 주춤하게 할 만큼 운송비가 비싸서 교환은 그렇게 활성화되진 못했다. 그렇지만 가난한 계층에까지 많은 사람의 상황이 분명히 좋아졌다. 독일에서는 산업화 이전 시대 같은 대규모 가난인 사회적 빈곤이 다시 한 번 몰아쳤는데. 이런 빈곤 문제가 가장 심각했던 시기는 1848년의 혹독한 기후 여건과 연관된다. 그러나 그때의 농업위기가 옛 유럽에서 나타났던 위기와 같은 특징을 가진 마지막 위기였다.

이런 사실은 최근의 연구에서도 확인된다. 물론 1860년대에도 가끔 기아가 나타났지만, 철도가 건설되자 단지 지역 간의 식료품 교환뿐만 아니라 외국과의 교역도 용이해졌다. 그 후에는 농산물 생산성의 향상으로 식량부족 현상이 더는 없게 되었다. 전근대 시대와는 달리 이후로 농업은 과잉생산과 경향적인 가격 하락 문제에 시달리게 되었다. 옛 유럽에서의 과소 생산과 가격 상승의 관계들이 전도된 것이다.

⊃ 옛 유럽에서의 투기에 의한 경제위기

오랫동안 경제 분야에서 정설로 받아들였던 관점은 최근의 경제사 연구로 인해 해체되었다. 그 관점은 유럽, 적어도 그중에서 중부와 서부 유럽은 어느 정도 동질적인 경제적 공간이었다는 것이다. 그러나 최근의 해석에 따르면 그렇게 동질적 공간이었다기보다 1800년 이전에는 비교적 발전한 농촌 지역이 바다처럼 펼쳐 있었고, 거기에 농촌보다 더 발전한 도시와 특정 지역들이 섬처럼 있었다는 것이다. 발전한 도시 지역은 인구밀도가 더 높았고, 사람들은 근대의 생활기술의 관점에서 보더라도 비교적 높다고 할 생활수준을 누렸다는 것이다.

지역별 차이와 도시 - 농촌 간 격차는 사실 고대 경제의 전형적인 모습이었다. 이런 격차에 부응해서 고도로 발달한 도시들이 존재했는데 암스테르담, 런던, 파리 등이 그 대표적인 예이다. 그러나 이들 도시는 16세기부터 경제적 측면에서 이미 근대적 세계에 속했다. 은행, 국제무역거래소, 대규모 상업회사, 활발하게 증권이 유통되는 주식시장은 암스테르담의 예에서도 보듯이 16세기 이후에는 일상적인 풍경이 되었다. 신용으로 조달한 대량의 상품이 기대에 부응하여 더 높은 가격으로 다시 팔리는 것은 이런 도시에서는 이미 오래전부터 일상의 모습이었는데, 이에 비해 농촌에서는 여전히 행상과 드물게 열리는 '연시장*'에서 상거래가 이루어졌다.

이런 당시 상황에 부합하게 이 같은 세계경제의 중심지들에서는 최초의 신용·투기 현상 또한 나타났다. 이런 현상은 '돈 벌기에 쉬운' 여건이 형성되면 투기적 거품으로 발전할 수 있었고, 이후 그 크기에 합당한 폭음과 함께 거품이 터졌다. 이러한 투기적 경제위기는 일정한 방식에 따른 단계를 거쳤는데 이는 오늘날까지도 비슷하게 작동하고 있다. 먼저 특정 재화의 가격 상승이나 특정한 거래와 세계의 특정 지역에서 상업독점권이나 특권으로 이윤창출에 대한 긍정적인 기대가 생기면 일단 충분한 경제력을 가진 사람들이 투기에 참여한다. 그러고 나면 이런 투자 열기에

---

* 연시장延市場, Jahrmarkt은 메세Messe라고 불리기도 하는 1년에 한 번 내지 몇 번 서는 큰 장을 의미한다. 유명한 유럽의 연시장으로는 샹파뉴, 브뤼쥐 등이 있다. 중세 도시들은 경쟁적으로 연시장을 개최했다.

더 많은 부류의 사람들이 동참하게 된다. 이에 따라 해당 재화의 가격이나 연관된 회사의 주식 가격은 치솟게 되고, 이 시점에서는 일반적으로 사람들이 대출을 받아 투기하는 상황으로까지 발전한다. 대부분 투자자는 상품이나 상품을 만드는 회사에 관심이 있는 것이 아니라 가격변동에만 관심이 있는 흔히 말하는 '차액투자자(아르비트레이저arbitrageur, 차액을 노리는 매매인)'이다. 즉 투기꾼들이 시장에서 설치게 된다.

여기에다가 대출이 용이해지면 투기꾼의 거래가 더욱 쓸 만한 것이 되고, 소문과 내부 정보 같은 것들이 떠돌면서 가격은 더 올라갈 동력을 얻는다. 상품 가격과 주식가격이 더 올라가면 드디어 투기 거품이 생기고, 이런 대열에 더 많은 투자자, 특히 '일반인'까지 가세한다. 이런 상황에서 단 한 번이나 일련의 미세한 부정적 자극이라도 주어지면 거품은 터진다. 투기꾼들과 시장 참여자들의 시장에 대한 예측이 불현듯 부정적으로 바뀌게 되고, 이에 따라 투매 현상이 나타난다. 대출도 점점 힘들게 되어, 신용만으로는 떨어지는 상품가격과 주식가격을 더는 지탱해줄 수 없게 되고, 이 상황이 되면 은행과 증권거래소가 혼돈의 소용돌이에 휘말린다. 모두 자신을 구하려 하고 자신의 돈을 지키려 한다. 그 결과 금융시장에 돈이 말라버리고, 투기에 참여하지 않은 상인들도 이런 광풍의 영향을 받는다.

가격이 더 내려갈 때가 없을 만큼 떨어져 움직임을 멈추고, 짧거나 긴 시간 후 새로운 경기상승기가 시작될 때까지 전체 경제의 상거래량은 줄어든다. 투기거품이 터지면 그 결과 먼저 파산이 일어나고 그다음엔 일반적으로 신용경색이 온다. 이런 상황에서 금리가 상승하면 상업 부문은 다시 활기를 잃는다.

일반적으로 이 시점에 정책 당국은 시장에 개입하는데, 채권을 보호하기 위해 여러 대책을 내놓으며 주요 거래상의 동시 도산을 막으려 애쓴다. 이런 종류의 투기 거품은 투기를 위한 조건이 쉽게 제공되면(프로젝트, 유동성) 언제든지 발생할 수 있다. 어쨌거나 이런 위기를 겪은 이후 다시 투기 열풍이 발생할 때까지는 어느 정도 시간이 걸린다. 또한 이런 '파국'은 종종 길게 지속하기도 한다.

여기에 튤립 광풍이라고 불리는 1634년에서 1638년 사이 네덜란드에서 발생한 경제위기를 보고서 내용처럼 요점만 대략 살펴보자. 근본적으로 이 투기 광풍은 계약 시기와 물건의 송출 시기 차이와 관련된다. 당시 아시아와 오스만 제국에서 유럽으로 수입된 튤립이 대중적인 사랑을 받게 되자 수많은 새로운 튤립 품종이 개발되면서 이 광풍은 시작되었다. 이런 새로운 품종 중 가장 유명한 것이 '셈퍼 오거스투스Semper Augustus'였다. 이 튤립은 튤립 중에서 가장 비싼 가격으로 거래되었는데, 알뿌리 하나가 무려 1만 굴덴까지 거래되었다. 이렇게 튤립 가격이 높아질 수 있게 되자 차액거래자를 빠르게 유혹했다. 이들 투기꾼은 대출을 받아서 깡통 거래까지 하며 투기를 했다. 튤립을 사서 배달되는 시점에 다시 되파는 방법을 통해 거대한 차익을 남겼고, 투자를 위해 받은 대출금도 갚을 수 있게 되었다. 튤립 알뿌리를 구매 권리도 옵션으로 거래되었다. 튤립 가격 변동 그래프가 보여주듯이 거래는 일

1637년 튤립 경제위기를 그린 얀 브뤼겔Jan Brueghel the Younger의 그림 〈튤립 파동의 풍자Satire on Tulip Mania〉(1640)
자료: https://commons.wikimedia.org.

정 기간은 순조롭게 진행되었고 이들 튤립 투기꾼들을 부자로 만들었다. 튤립 알뿌리의 가격은 암스테르담에서 단기간에 50배 올랐다. 한때는 튤립 알뿌리 세 개로 암스테르담에서 집 한 채도 살 수 있었다.* 이런 투기 열기는 그 사이에 네덜란드 일반 국민에게도 널리 퍼졌다. 1636/1637년의 겨울에는 튤립 가격이 최고점에 도달했다.

---

* 가장 가격이 많이 오른 때는 한 달에 2,600%까지 올랐다. 튤립 가격이 급등한 이유는 초과수요 때문이었다. 여기에는 희귀한 튤립을 가진 것이 당시 네덜란드에서는 부의 상징이어서 베블런 효과도 작동했다. 그러나 이런 현상이 투기 광풍으로 발전하는 것에는 대출해주면서 차익투자를 부추긴 금융부문의 작용이 컸다.

    그러자 1637년 2월에 그 어마어마하던 거품이 터졌다. 튤립 가격 상승에 대한 기대가 부정적으로 변하자, 튤립에 대한 투매가 시작된 것이다. 1637년 5월에는 튤립 값이 투기 과열 이전 수준으로 떨어졌다. 그 당시 동시대인들은 이러한 튤립 호황을 집단 히스테리의 일종으로 생각하지는 않았더라도 광기로 보았고, 참여한 투기꾼을 '원숭이'라고 불렀다. 이렇게 해서 발생한 파국은 다시 당국의 지원을 통해 어느 정도 진정되었고 많은 투기꾼이 다시 가난해졌다. 일반적인 경제위기는 '튤립 광풍'을 발생시키지는 않는다.

    또 다른 투기 거품의 사례는 1720년 프랑스에서 '로Law 시스템'*이 불러온 파국과 얼마 후에 영국에서 발생한 '사우스시 투기 거품South See Bubble' 붕괴이다.** 물론 이런 경제행위의 배경이 된 경제사상은 그리 나쁘지는 않았다. 투기와 경제위기가 발생한 배

---

* 로 시스템은 영국의 재정학자 존 로John Law(1671~1729)가 영국에서 활동하면서 세운 재정체계로, 화폐발행권과 무역독점 특권을 기반으로 한다. 로는 이런 권한을 가지고 프랑스에 투기 거품을 일으켰으나, 결국 거품의 붕괴와 함께 경제위기가 발생했다. 이에 따라 그의 체계도 몰락하게 되었다. 그는 프랑스를 떠나 베네치아에서 빈곤하게 살다가 죽는다.

** 사우스시 컴퍼니South See Company는 원래 아프리카 노예를 서인도 제도로 보내기 위해 영국이 세운 국유회사였다가 1718년 부채를 인수하는 금융회사로 변신한다. 주식과 국채를 등가교환하면서 큰 이익을 얻자, 회사의 주가는 1720년 1월 100파운드에서 6월 1,050파운드로 급등했다. 주식폭등으로 비슷한 회사가 난립하자 정부의 규제가 시작되었고, 주가가 폭락하여 회사는 문을 닫게 되었다.

경은 유럽에서 스페인의 왕위계승전이 발발하자 유럽의 상업을 활성화하기 위해 스페인이 자신의 아메리카 점령지를 개방한 것이다. 사람들은 대부분 이 사건들이 투기와 경제위기의 발발과 연관이 없는 것으로 보나 근본적으로 연관되어 있었다.

스페인의 왕위계승 전쟁은 스페인뿐 아니라 영국과 프랑스에도 거대한 규모의 부채를 남겼다. 새로 생긴 회사인 사우스시 컴퍼니는 국가채권으로 충분한 유동성이 제공되면 큰 이윤을 얻을 수 있다고 약속하고, 국가로부터 특권을 받았다. 그러자 시중의 돈이 이 회사로 몰렸다. 과연 이 회사가 국가부채의 일부분이나 전체를 해결해주었는가? 이런 전개과정을 프랑스가 앞서서 겪고 영국은 뒤따랐다. 국가의 관점에서 보자면 최소한 국가의 부채를 어느 정도 정리할 수 있었고, 장사도 잘되었다. 투기꾼들에게는 그와 반대로 이것은 양날의 칼 같은 기회였다.

루드비히 14세(1638~1715년) 치하의 프랑스는 전쟁으로 큰 부채에 시달렸고, 스코틀랜드 출신 재정기술자 존 로John Law(1671 ~1729)와 1715년 거래를 한다. 로는 도박으로 부자가 되었고, 상류층인 귀족 친구들이 많았다. 그는 반크 제너럴banque general(훗날 반크 로열banque Royale)을 건립하며 지폐발행권을 가지게 되었다.* 이 은행의 자기자본은 무엇보다 가치가 별로 없던 프랑스 국채**

---

* 처음 이 은행은 토지담보 은행의 성격을 가졌다. 로Law는 땅 담보로 화폐를 발행하면 유동성이 풍부해져서 경제가 살아날 것이라고 했는데, 실제로 어느 정도 효과가 있었고, 로의 경제 해법에 힘이 실리게 되었다.

였다. 은행은 그런데도 시장에서 신뢰를 얻었다. 로는 추가로 아메리카에 있는 프랑스령에 대한 상업 독점권도 얻었다. 이에 거래를 원활하게 하기 위해 로는 '미시시피 회사Mississippi gesellschaft'를 건립했다. 이 회사가 훗날 '프랑스 서인도회사compagnie des indes'로서 모든 식민지 무역에 대한 독점권을 가지게 되었다. 대중들에게 이 회사의 주식을 가지는 것은 좋은 선택이라고 선전되었고, 이에 따라 처음 시작은 힘들었지만 주식은 곧잘 팔렸다. 1719년 투기가 시작되었고, 로는 자기의 은행이 발행한 지폐를 낮은 금리로 대출해주면서 장사를 더 크게 확장했다.

당시 파리 켕캉푸아Quincampoix가의 증권회사 앞에는 긴 줄이 있었는데, 마치 인간을 첩첩이 쌓아 만든 시루떡Auflauf* 같은 줄이었다. 이들은 미시시피 회사의 주식을 사기 위해 줄을 섰다. 결국, 이 주식에 대한 수요를 충족시키기 위해서는 150개 정도의 판매소를 더 세워야 했다.

1719년 늦여름 회사의 주가는 최고점에 도달했고, 액면가격이 500리브르Livres인 주식이 1만 리브르보다도 비싸졌다.** 이에

** 국채staatanleihe란 국가나 지방 정부가 발행하는 채권이다. 국채는 대부분 장기적이고 고정적인 수익률을 가진다.

* 아우프라우프Auflauf는 대표적인 유럽 음식으로, 식재료를 첩첩이 쌓아 치즈로 덮고 오븐에 굽는 요리를 말한다. 우리나라의 음식으로는 시루떡 조리 방법과 비슷하다.

** 1718년에 300리브르이던 주가가 1719년 2만 리브르로 올랐다. 그러나 1720년 6월부터 거품이 붕괴했고 다시 수백 리브르로 떨어졌다. 더불어 프랑스의 재정이 악화되고, 물가는 폭등하면서 사회적 갈등이 심화되었다.

존 로John Law의 카툰(1720)
자료: https://commons.wikimedia.org.

따라 회사가 자본증식을 다시 하자 집중적으로 주가를 관리했음
에도 주식이 더는 잘 팔리지 않았다. 여기에 물가상승에 대한 우
려가 퍼졌고 로 시스템에 대한 신뢰가 무너졌다. 주식 가격은 곧

경제위기의 역사: 위기는 자본주의 경제의 숙명인가

두박질쳤으며, 투자자 중 일부는 아직도 미시시피 회사에 대한 투자 열기가 남아 있는 런던으로 도망갔고, 다른 이들은 가진 재산 전체를 잃었다. 로도 다른 이들과 비슷하게 가난해졌고 프랑스에서 도망쳐서, 1729년 베니스에서 죽었다.

카리브해와 라틴아메리카와의 거래를 통해 크게 이윤을 남길 기대는 유명한 영국의 사우스시South See 투기 거품에서도 마찬가지로 나타났다. 이 투기는 1719년과 1720년에 발생했다. 발생 배경은 프랑스의 경우 비슷하다. 이는 영국에서도 루이 14세 시대의 전쟁 이후 국가 부채를 정리하는 과정과 관련되어 있었다. 국가 부채를 청산하기 위해 영국은 라틴아메리카에 대한 무역 독점권을 제시했고, 1711년 설립된 사우스시 컴퍼니가 1719년에 영국의 국가 부채를 인수하고, 부채 수락의 대가를 받기 위해 국채를 가지고 증권을 발행할 권리를 부여받았다. 이 주식은 빨리 그리고 잘 팔렸다. 새로 발행된 주식을 사는 것*은 회사의 기존 주식의 보유와도 연결되었기 때문에 기존 주식에 대한 수요 증가로 주가도 급등했다. 그 결과 주가는 100파운드에서 900파운드로 올랐다.

사우스시 컴퍼니에 불어온 투자 광풍으로 더 많은 회사가 주식시장에 상장되었고, 그중 일부 회사는 모험적인 경영을 목적으로, 다른 일부 회사는 거래 목적 자체도 없이 이윤을 늘리기 위해 주식시장에 참가했다. 유령회사 제한법Bubble Act에 따르면 주식회사는 원칙적으로 거품이 생기면 거래를 제한해야 하고, 경영 목적

---

* 주식 발행Emission이란 채권, 어음, 증권 들을 발행하는 것을 말한다.

1720년의 〈사우스시 투기 거품The South Sea Bubble〉, 에드워드 매튜 워드Edward Matthew Ward의 작품(1846)
자료: https://commons.wikimedia.org.

을 제시하지 않고 주식회사를 만드는 것은 금지되어 있었다. 그런데도 결국 투기꾼들은 투기를 했고, 대출을 통해 자금을 조달한 투기가 더욱 기승을 부렸다. 당시 어딘가 투자처를 찾아다니는 돈이 사우스시 컴퍼니에 집중되어 있었기 때문이다.

1720년 여름에 처음으로 거품에 균열이 생겼고, 붕괴가 분명해진 것은 1720년 8월 1일 주식 배당금이 너무 적어서 더는 경제적 이득을 취할 수 없게 되면서이다. 회사의 내부자들이 먼저 주식을 팔았고, 결국 공황 같은 투매가 이루어졌으며, 투기 거품은 며칠 사이에 터졌다. 투자자 중에서 자기 자본을 적절한 시간에

경제위기의 역사: 위기는 자본주의 경제의 숙명인가

빼낼 수 있었던 사람은 단지 몇몇뿐이었으며, 수많은 사람이 파산했고 광범위한 신용경색이 발생했다. 결국 런던 전체에 전형적인 경제위기가 왔다. 이 경제위기는 런던 사람들의 투기 열기를 이후 10년 동안 잠재웠다.

다른 종류의 경제위기는 전근대 시대 유럽에서도 드물지 않게 발생했던 어음위기였다. 어음*은 기한부 채권으로 중세 시대부터 있었는데, 16세기와 17세기부터는 거래 자금의 조달 방법으로 사용되었다. 상품의 수입과 수출은 어음으로 지급되었다.

어음은 특정 시기에 만기가 도래한다. 어음은 은행에다가 미리 할인해서 팔 수도 있는데, 그렇게 할 때 어음 할인을 받기 때문에 무엇보다 어음 가격이 낮아진다. 어음은 쉽게 거래될 수 있는 유동성 있는 도구였고, 특히 상거래가 활발할 때 대출로 자금을 조달하기에 적합했다. 어음 시스템은 그 외에도 어느 정도의 유연성을 갖고 있었다. 지급 능력이 떨어진 시기에도 채무자가 이를 헤쳐나갈 수 있게 만기가 도래한 어음은 연기해주거나 새로운 어음으로 대체할 수 있었기 때문이다.

만기가 도래한 어음을 별 고려 없이 새로운 어음으로 바꾸는 유통 어음의 사용이 사기적 행위인지 아닌지에 대한 경계는 불명확했다. 경제위기가 발발할 경향은 언제나 어음 거래에서 나타났

---

* 어음Wechsel은 빚bill 발행인이 일정 금전을 일정 시기에 지급을 약속하는 증권으로서, 직접 지급하는 약속어음과 제3자에게 위탁하는 환어음으로 나뉜다.

다. 이 경우는 다음과 같은 조건들이 갖추어질 때이다. 즉 어음이 만기에 이르러도 돈이 지급되지 않았을 때, 회사가 그들의 수익금으로 그들의 대출이자를 지급할 수 없을 때 발생한다. 이런 대표적인 사례가 함부르크에서 발생했던 어음위기였다. 이 위기는 7년 전쟁의 끝 무렵과 18세기 말엽에 발생했다.

이 책에서 마지막으로 짧게 이 위기를 살펴보는 것은 의미가 있다. 18세기 말에 함부르크의 상업 부문에 활황이 왔다. 나폴레옹 전쟁으로 경쟁자였던 한자 도시*들이 나가떨어졌기 때문이다.

함부르크는 아메리카 대륙과 영국에서부터의 상품이 유럽으로 들어올 때 선호되는 항구 도시가 되었다. 큰 수요가 있으리라는 예측과 가격 상승에 대한 기대로 1799년 많은 함부르크의 상점들은 좋은 물건을 들여왔다. 이 상품으로 남부 독일과 스위스에 물자공급을 할 수 있게 되었다. 거래에는 어음을 사용했다. 사람들은 손쉽게 많은 이윤을 얻을 수 있다는 희망을 품게 되었다. 그러나 전쟁이 발발하자 함부르크 상점이 수익에 나쁜 영향을 받았다. 남부 독일과 스위스로 상품 운송이 정지되거나, 비록 운송을 하더라도 매우 어렵게 진행되었다.

함부르크 상인들은 자신의 물건을 재고로 쌓아두게 되었고,

---

* 한자Hansa는 중세 유럽의 상인조합이다. 북부 독일 도시들과 외국에 있던 독일 상인들이 서로의 이익을 지키기 위한 동맹을 맺은 것을 한자 동맹이라고 한다. 12·13세기경부터 성행하여 14세기 중엽에는 가입한 도시의 수가 70~80군데에 이르렀다. 이런 도시를 한자 도시라고 한다. 이 도시들은 자체 군사력과 법도 가졌다.

그와 함께 큰 부채도 지게 되었다. 그 결과 수많은 도산이 연이어 발생했다. 이런 파산은 어음 할인과 어음 연기에도 불구하고 지급 의무를 피할 수 없을 경우 많이 발생했다. 이러한 파산이 다른 은 행과 사업장들로 번졌다. 함부르크 시의회의 첫 번째 금융지원을 통해 동시에 일어나는 파산의 규모가 더 커지는 것을 일단 막았 다. 이런 정부 개입은 1857년 이후에도 대개 매우 비슷한 과정을 반복해서 겪게 되었다. 그때의 경제위기는 이미 근대적 글로벌 경 제위기의 일부분이었다.

우리는 이 장에서 국가 재정의 위기에 대해서는 단지 간접적 으로만 다루는데(로 시스템), 이는 국가 재정의 위기가 경제위기의 고유한 성격을 가지는 것이 아니라, 모든 위기 발발 요인을 통해서 그 결과로 나타나는 것이기 때문이다. 국가의 채무 불이행의 영향 은 그런데도 대단했다. 이는 16세기와 17세기 스페인의 파산의 경 우에서도 확인되듯이 북부 독일의 여러 회사를 쑥대밭으로 만들 었다.

1798년 프랑스에서 발생한 '아시냐 경제'의 붕괴를 간략하게 살펴보는 것은 가치가 있는 일이다. 국가의 재정지출과 전쟁 비용 을 감당하기 위해 프랑스의 혁명적 정부는 1792년 소위 아시냐*라고 불리는 지폐를 발행했고, 이를 법정 화폐로 공표했다. 이 지 폐는 짧은 시간 안에 당시의 '양화'이던 동전을 구축驅逐했다. 아시

---

* 아시냐Assignat는 프랑스 혁명 당시 정부가 발행한 지폐나 환어음을 말한다. 속어로 '가치 없는 지폐'를 칭하는 말로도 쓰인다.

냐의 양은 해가 지날수록 커졌고, 이 돈으로 인해 물가상승이 당연히 생겼다. 이런 유동성 증가는 처음에는 화폐의 순환을 촉진시키는 긍정적인 효과를 보았으나, 곧 이 효과는 뒷전으로 밀렸다. 게다가 아시냐는 쉽게 복제할 수 있었기 때문에 통화량이 자연히 급작스럽게 증가했다. 이 지폐는 이런 통화량 증가와 함께 점차 지폐로의 기능을 잃어버리게 되었다. 그래서 프랑스 정부는 1798년 결국 아시냐의 유통을 금지했다. 이러한 정책은 첫 번째의 근대적 개념의 화폐 대개혁이었다. 아시냐 경제는 즉시 국가의 통화정책에 의한 물가상승에 직면했고, 위기적인 결과를 가져왔다. 이후 이런 경험은 그때부터 여러 번 해야 했다.

경제위기는 확실히 근대적 현상만이 아니라 산업화 이전 시대에도 있었다. 그러나 전근대의 경제위기는 근대적 경제위기와는 다른 모습이었다. 전근대 사회의 위기는 농업적 경기변동과 농업위기의 모습을 하고 있다. 당시에는 농업 부문이 경제 활동의 큰 부분이었고, 생존과 직접 연관되었기 때문이었다. 생존의 한계선 근처에서 머물던 세계에서 기후와 연관된 위기는 세상을 빠르게 황폐하게 했다. 그렇게 보면 근대의 경제위기는 상대적으로 무해한 측면이 있다. 이처럼 '옛날'의 위기는 구조적으로 다른 위기 구조를 가질 수밖에 없다. 살기 좋은 시절에는 인구가 증가하나, 생산력이 정체되거나 천천히 증가하면 언제나 다시 뿌리 깊은 식량과 인구 사이의 적응 위기를 다시 가져올 수 있었기 때문이다.

이러한 옛날의 위기 발발 구조는 오늘날에는 낮은 인구 증가율과 높은 생산력으로 지나간 역사가 되었다. 아니, 적어도 이런

경제위기의 역사: 위기는 자본주의 경제의 숙명인가

위기는 우리의 관리 아래 있다고 할 수 있다. 물론 세상의 특정 지역에서는 오늘날에도 19세기까지 유럽도 겪었던 자원의 과잉 사용이라는 오랜 문제가 있기는 하다.

전근대적 농업사회에서는 도시적인 중심지가 마치 섬처럼 솟아올라 있었고, 이 중심지들은 당시 세계경제를 연결하는 역할을 했다. 이곳들에서는 근대적 경제·무역·금융 기법을 사용했고, 전체적으로 삶의 수준이 농촌보다 상당히 높았다. 여기에는 16세기부터 늘 반복해서 투기 거품이 일었고, 투기 거품의 붕괴로 경제위기가 왔다. 그런데도 이러한 전개과정을 거치며 꾸준히 근대화되었다.

큰 이익에 대한 기대, 가격 상승, 차액투자와 투기, 투기 과열 그리고 결국에는 파산이라는 모든 과정을 암스테르담, 파리 그리고 런던에서 직접적인 사례로 겪었다. 그런데도 이들 투기 위기의 영향은 그렇게 크지는 않았다. 이런 위기는 고유의 생존 경제 영역인 농업과 별 연관이 없었기 때문이다.

그러나 이런 구도 자체가 19세기 초부터 근본적으로 바뀐다. 이때부터는 산업과 투기 사이에 무서울 정도로 위험한 연관 관계가 생겼기 때문이다. 그리고 이런 특징이 오늘날까지도 작동하여 우리가 겪는 경제위기의 성격을 결정하고 있다.

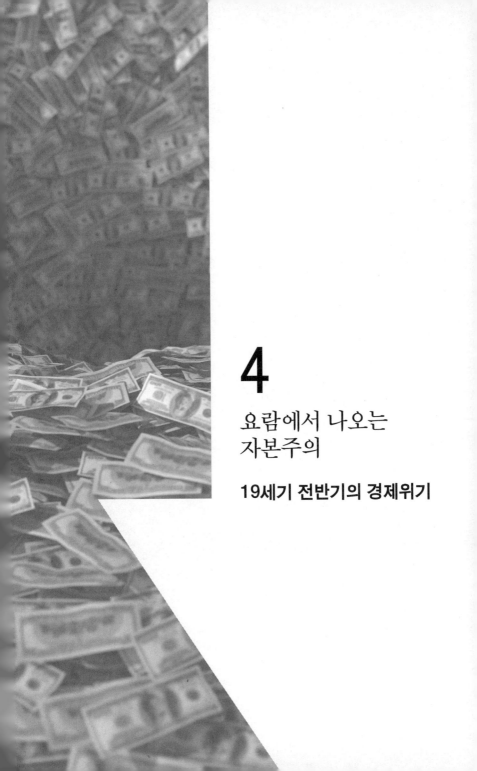

4

요람에서 나오는
자본주의

19세기 전반기의 경제위기

※

근대 산업자본주의가 제대로 체제를 갖추자 이와 함께 경제
위기의 성격에도 근본적인 변화가 생겼다. 이에 대해서 각각의 사
례를 설명하기 전에 이러한 경제위기 발발의 전제와 특징에 대해
서 먼저 간략하게 요약, 설명하자.

⊃ '새로운(산업화 이후)' 경제위기들

고대 유럽에서 나타난 경제위기는 기후에 의한 것이었거나,
또는 초보적인 투기 현상으로 발생했더라도 이런 현상이 일상적
인 경제생활 전반에까지 영향을 꼭 미치지는 않았다. 그러나 18세
기 후반에 독일 함부르크에서 발생한 상업위기는 상업위기와 경
제성장이 깊이 연관되어 있다는 것을 보여준다. 이는 대출로 자금
을 조달해서 거래하는 시스템이 정비됨에 따라 경기변동이 쉽게
나타날 수 있었기 때문이다. 가격이 동시에 하락하거나 매출이 감

소해서 대출을 갚을 수 없게 될 경우에는 경제 전반이 심각한 상황에 직면할 수도 있게 되었다.

여기에서 우리는 투기가 갖는 야누스의 두 얼굴을 확실히 확인할 수 있다. 투기는 한 측면으로는 거래의 활력소가 되어 이를 통해 매출을 원활하게 할 수 있지만, 다른 측면으로는 이런 구매 행위를 통해 위험도 강제적으로 맞아들이게 된다는 것이다. 생산량과 시장에서 매출 규모가 클수록 거래에서 투기적인 금융조달의 의미가 더 중요해지고, 바로 이 점으로 인해 경제위기가 발생할 때 더 심각하게 영향을 받게 된다.

이때에 이르러서야 사람들은 현재 경제행위에서 '위험 없는 확장'이란 없다는 것을 확실히 알게 되었다. 산업자본주의가 정착되면서 생산 자체가 이 같은 투기적 확장이 작동하는 대상이 된 것이다. 물론 이 외에 다른 대안은 존재하지도 않았다. 대안이라고 할 수 있는 것은 거대한 규모의 상업적 기업 경영을 혼자서만 거부하는 것이기 때문이었다. 사실 독일의 유복한 시민 세력은 이런 산업자본주의적 방식이지만 위험에도 노출된 돈벌이 방식을 채택하는 것에 대해 오랫동안 주저했다. 그러나 영국에서의 분위기는 달랐다. 영국에서는 신용대출로 조달되어 작동하는 산업자본주의의 상승기가 훨씬 일찍 자리 잡았다. 이는 대개 18세기 3/3분기에 나타났는데, 이때가 바로 최초로 대규모 섬유공장이 설립된 시기였다. 자본이 필요한 정도도 처음에는 별로 크지 않은 규모였으나, 기술 진보는 점점 더 많은 자본량의 선先투입을 강제했다. 이렇게 해서 급격히 증가하는 생산량을 적당한 가격에 팔 수 있어야

채산이 맞았다. 이런 이유로 산업자본주의의 경기상승기에는 근거리와 원거리 무역의 확장을 편리하게 했고, 다시금 신용적 금융 조달도 용이해졌다. 이와 함께 생겨난 대형 은행과 거래소는 한편으로는 공장 짓는 자금을 조달해주었고, 다른 한편으로는 상업 거래와 수출의 자금 조달에 특화되어 발전했다. 이렇게 해서 점점 더 기업적 생산 과정에 더 견고한 결합이 생기고, 이 부문이 경제에서 점점 중요하게 되었다. 이에 따라 영국에서는 19세기 전반기에 농업 부문이 벌써 뒷전으로 밀렸고, 상품 거래와 신용경제가 주목을 받았다.

이러한 결합은 처음부터 투기적인 요소가 포함되어 있었다. 모든 시장참여자가 가격 상승과 이윤을 노렸고, 이를 통해 발생할 수도 있을 위험을 정당화시키고 있었기 때문이다. 이 위험은 산업적 경영과 연관되어 있었다. 여기다가 오래전부터 잘 알려진 것처럼 금융시장에서 가격 차이를 투기적으로 이용하는 차액투자자가 등장하면 경제는 새로운 국면을 맞게 된다. 이 국면에서 투기는 이미 경제적으로 주변적 현상이 아니라, 경제 전체의 심장까지 밀고 들어간다. 19세기 시작부터 주기적으로 반복되는 경제위기는 투기가 가져오는 필연적 현상과 전체 거시경제의 '교란'이 결합한 것이었다.

경기순환은 이런 연관 속에서 반복되었다. 생산량 증가의 상업적 효과, 신용경제, 투기, 그때마다 위기적인 경기 하락이 발생했다. 투기가 이 과정에 미치는 정도와 영향의 향방에 대해서 어떤 경우에도 확정적으로 규정할 수 없다. 그러나 개별 경기순환의 상승기와 활황 국면마다 투기가 그때그때 역사적으로 특별한 추진력을 가지고 작동했다는 것은 말할 수 있다.

근대 자본주의 경제에서 특별히 경제위기 발발의 가능성을 품고 있는 것은 단지 생산과 유통에서 투기적으로 자금을 조달한 결과만이 아니다. 이는 근대 경제의 또 다른 특징인 높은 생산성과도 관련된다. 상품을 값싸게 대량생산하게 되자 누가 소비자인지 알지 못한 채 생산이 이루어졌고, 이때 발생할 수 있는 위험은 근거리 시장을 대상으로 했던 생산이나 소비자가 누군지 알고 물건을 만드는 방식보다 어마어마하게 컸다. 이런 상황에서 생산과 유통 과정을 가격이 조정하게 되었다. 개별 소비자와 그들 각각이 가진 개별적 욕구는 생산이 주문을 받고 이루어진 때와는 달리 알 수가 없었다. 이 경우 제품이 시장에서 적합한지 아닌지는 시장에서 받을 수 있는 가격만이 신호 기능을 할 수 있다. 가격이 높아지면 확실하게 거래에 대한 동기가 높아졌는데, 이는 어떤 경우에도 무시할 수 없게 된다. 가격 변화로 조정되는 재화의 대량생산은 이런 상황에 더해서 생산물의 특화를 더욱 진척되게 했다. 경제적 관점에서 보자면 더 특화된 생산물을 대량생산하는 것이 점점 더 효율적이기 때문이었다.*

이와 연관되어 산업 부문과 기업의 주요 업종도 점점 더 세분화되었다. 이에 따라 생산과 유통은 더욱더 가격에 의해 조정되게

---

* 기업 이윤의 핵심은 독점력이다. 어떤 제품이 시장에서 독점적 지위를 가지려면 그것이 다른 제품과 다른 특성을 가져야 한다.

되었다. 가격 기구를 통해서만 점점 더 복잡해진 노동 분업을 조정할 수 있었기 때문이다. 이처럼 가격기구에 의한 경제적 결정을 한 것은 투기에 대한 강박감에서가 아니라 근대 경제생산 부문 세분화의 표현이기도 했다. 이런 조정과 다른 방식이란 사회주의가 보여주었듯이 단지 계획들에 의해 조정할 수밖에 없는데, 이런 계획경제적 조정방식은 그런 계획을 하는 데 과도하게 높은 비용이 들게 된다. 어쨌든 간에 근대 자본주의 경제에서 산업 부문과 기업의 발전과정 속에 생산과 소비의 불균형으로 산산이 조각날 위험이 늘 주어져 있게 되었다.

산업자본주의적 시스템을 장착한 근대의 경제 세계는 이런 이유로 어느 정도 역설적이다. 근대에는 이익을 얻기 위해 생산성 향상에 주력했는데, 이렇게 해서 얻은 높은 생산성이 도리어 경제를 위기에 빠뜨리는 상황이 될 수 있었다. 그런데도 당시에는 경제위기를 다만 예외적 경제현상으로 보았다. 게다가 경제 전체가 역동적으로 발전했었기 때문에 1800년대 이후에 사람들은 자본주의적 발전이 가져다주는 이러한 위험을 점점 더 폭넓게 수용해갔다. 이러한 수용 자세는 한편으로는 자본주의적 역동성의 핵심이 되었고, 다른 편으로는 경제위기 발발 가능성의 계기가 되었다.

이런 '새로운' 경제위기는 대략 나폴레옹 전쟁 말엽부터 영국에서 전형적인 모습으로 등장하기 시작했다. 무엇보다 영국에는 16세기부터 양모 수요가 없어지면 이와 함께 경기가 정체되는 국면이 반복적으로 전개되었다. 그러나 '새로운' 경제위기는 '옛날' 경제위기의 전형적인 모습과 근본적으로 달랐다. 특히 위기의 전개과정이 그 이전 시기와는 달랐다. 가격 상승과 매출 증가에 대한 기대로 만들어진 산업과 유통 부문의 경기상승은 신용으로 조달된 투자 과정과 경기팽창 과정으로 연결된다. 그 결과로 처음에는 낮은 수준으로 있던 이자율이 고점까지 올라간다.

이 상황에서 매출이 투자할 때의 기대치를 실현하지 못하면 가격이 하락하고, 기한이 돌아온 대출금을 갚지 못하게 된다. 이렇게 되면 기업은 대출에 대한 지급불능* 상태에 빠진다. 이런 상황이 계단 폭포 모양으로 시간이 흐를수록 점점 세력을 넓혀가며 전 산업을 강타하면 실업과 공장폐쇄가 연쇄적으로 발생한다. 특히 은행 부문의 지급불능 사태가 늘어난다. 은행들은 자기 살길을 찾게 되고, 대출을 줄이기 위해 대출에 엄격한 제한을 둔다. 높은 이자율로 인해 신용으로 자금 조달하기가 어렵게 되고, 금융시장과 생산물시장이 경색된다. 이에 따른 경기의 하강은 일반적으로 가격하락이 끝날 때까지 지속된다. 경기침체로 이자율이 충분히 떨어지면 은행은 대출해줄 여력이 다시 생긴다. 그러면 게임은 다시 시작된다.

⊃ 19세기 전반기의 경제위기

나폴레옹 시대에 유럽 대륙의 경제 상황은 그 어느 때보다 좋

---

* 지급불능은 회사가 파산Insolvenz하는 상황에서 지속적으로 지급정지 상황에 있는 것을 말한다.

왔다. 나폴레옹의 대륙봉쇄령으로 그 당시에 유럽 대륙으로선 경제적으로 경계해야 할 대상이던 영국이라는 경쟁자를 따돌릴 수 있었고, 거대한 수요량, 특히 나폴레옹 군대의 필요 물품과 모든 형태의 군수품에 대한 수요도 부가적으로 경기를 활성화했다. 이런 까닭에서 유럽 대륙에 나폴레옹 시대를 경제적으로 결산해보면 겉보기처럼 그렇게 음울하지는 않았다는 것을 알 수 있다. 수없이 많은 국경선의 변동이 혹여 지역경제의 노동 분업에 일정 부분 부정적 결과를 가져왔더라도 1799년 함부르크의 상업위기 외에는 큰 경제위기도 없었다.

영국도 나폴레옹의 지배체제가 끝나는 해까지는 꼭 그리 나쁜 시절이 아니었다. 그리고 첫 번째로 온 영국의 경제위기는 이미 근대적 추진력을 갖추었다고도 볼 수 있었다. 이 경제위기는 다음과 같이 전개되었다. 나폴레옹의 대륙봉쇄령으로 인해 영국은 해외무역의 방향을 라틴아메리카로 바꾸었다. 모국인 영국에서 생산된 산업생산물이 라틴아메리카의 스페인 식민지로 수출되었다. 그러나 라틴아메리카의 구매력에는 한계가 있었다.

1810년에 이런 구매력이 한계에 도달했고, 이에 따라 심각한 경제위기가 닥쳤다. 영국 기업들은 라틴아메리카와의 무역을 위해 신용으로 자금을 조달했는데, 라틴아메리카의 구매력에 한계가 오자 대출을 갚지 못하게 되어 부도가 났다. 신용으로 자금조달한 수출품이 수요를 찾지 못하면서 발생한 경제위기는 대륙봉쇄령 이후에도 또 발생했다. 이 위기는 영국의 상인들이 유럽 대륙 소비자의 구매력을 과신하면서 발생하게 되었다. 이런 경제위기는

1815년에 발생했다가 1819년에 또다시 발생했다. 이 위기는 유럽 대륙에 심각한 농업위기가 발생하자 공산품에 대한 수요가 급감하면서 나타난 것이다.

1820년대 중엽을 지나면서 영국은 다시 심각한 경제위기를 맞게 된다. 1819년 경제위기로 매출에 문제를 겪었지만 이후 1820년대 초에는 공업과 상업에 다시 활황이 왔다. 산업 시설에 대한 투자량은 눈부셨고, 그 결과 대규모의 공장을 경영해야 했다. 1824년과 1825년에는 이런 투기가 정점에 도달했을 정도로 경기는 과열되었다. 이는 영국 산업의 이윤에 대한 낙관적 전망보다는 1823년 독립한 라틴아메리카 국가들에 투자할 경우에 발생한 이윤 창출 가능성에 고무된 대량의 투자로 인한 과열이었다. 여기에 당시 금융 중심지였던 런던 자체가 이러한 투자 기대를 부추겼다. 단지 1822년에서 1825년 사이에만 런던에서 10종류의 라틴아메리카 채권이 전체 규모 2억 1,600만 파운드스털링*이나 발행되었다. 런던의 자본시장은 라틴아메리카의 수요를 충족시킬 영국산 공산품 생산에 대해 대출을 해주었다. 사람들은 라틴아메리카 투자를 통해 두 배의 수익을 얻으려했다. 이윤을 가져다줄 수 있는 상품 수출을 통해서 수익을 내고, 채권에 대한 이자를 통해서도 수익을 냈다. 이런 투자 열기에 힘입어 영국에는 투기에 의한 활황이 도래하였다. 이런 현상은 예전 사우스시 컴퍼니의 투

---

* 파운드스털링pfund sterling은 영국과 영국황실령의 공식 화폐 단위를 말한다. 파운드나 스털링으로 불리기도 한다.

경제위기의 역사: 위기는 자본주의 경제의 숙명인가

기 거품이 최고점을 찍을 때를 연상시켰다.

여기에다가 영국은행*이 이자율을 인하하자 경기상승 기류에 불이 붙었다. 수익을 낼 만한 많은 계획이 세워졌고, 수많은 주식회사가 설립되었으며, 주가와 이윤의 기록 판에 적힌 지표도 계속해서 올라갔다. "왕자, 귀족, 정치인, 공무원, 대리인, 의사, 성직자, 철학자, 시인, 처녀, 여인, 과부 등 모두가 자신의 자산 일부를 기업에 투자하기 위해 주식시장에 참여했다. 그들 중에는 이름 외에는 아는 것이 없는 기업에 투자한 이도 있다"라고 1825년에 쓰인 사료에 기록되어 있다.

이와 함께 회사 설립의 광풍도 매우 심각하게 불었다. 19세기의 훌륭한 경제위기 전문 역사가였던 막스 워치Max Wirth에 따르면 1824년에서 1825년까지에만 주식회사가 114개나 설립되었는데, 그 자본이 총 1억 파운드에 이른다고 했다. 그중에는 특히 철도회사 20개, 가스제조회사 11개, 광산회사 25개가 있었다. 이렇듯 산업 부문 간의 배분이 분명했는데, 이는 영국에서 산업 부문의 활황과 전체 경제와의 연관이 매우 밀접했다는 것을 분명히 보여준다. 영국의 자본 수출 결과로 남아메리카로의 수출도 크게 늘었다. 영국 자본은 중·남아메리카의 광산업에도 큰 규모로 투자를 했다. 이렇게 열풍이 일어난 결과 무엇보다도 영국에서 금과 은이 유출되었고, 영국의 농촌 지역에 있던 많은 지방은행이 자신들의 신용

---

* 영국은행Bank of England은 영국의 중앙은행이다. 1694년 주식회사 형태로 설립된 민간은행이 1844년 독점적 통화 발행 은행이 되고 1946년 국유화된다.

량을 늘리기 위해 지폐 발행을 증가시켰다.

이로 인해 채권 부문의 긴장이 점점 더 심해졌다. 여기에 다시 '융통어음'의 사용 현상이 나타났다. 이는 신용 사용 시한을 늘리기 위해 기한이 만료된 채권을 다른 은행에서 발행하는 새 채권으로 교체하는 것을 말한다. 이 와중에 많은 투기꾼이 주식과 채권 투자로 돈을 잘 벌었기 때문에 농촌에서도 사치품 소비가 급증했다. 이자가 높지 않고 미래에 대한 전망이 나쁘지 않을 때까지는 이런 방식의 놀이가 작동했다.

1825년 9월, 가격 하락이 시작되면서 거품이 터졌다. 많은 채권이 불량채권이 되었고, 은행은 그들의 대출을 회수하려고 했다. 이런 은행의 영향력 아래 놓인 회사의 파산이 급증했다. 영국은행은 유동성을 지원하는 정책을 폈다. 그 결과로 금융시장은 어느 정도 안정되었다. 그러나 생산과 판매 부문에서 위기가 발생했다. 라틴아메리카 채권 값이 폭락하고, 돈을 벌려고 세운 많은 프로젝트가 박살이 나자, 많은 신생 회사들이 파산을 신청했다. 활황의 마지막 단계에 시장에 뛰어든 많은 개미 투자자는 많든 적든 자기 자산에 대한 소유권을 박탈당하게 되었다. 사치스럽게 살던 시절은 지나갔다. 이에 따라 실업이 증가했고, 노동계층의 상황이 매우 나빠지게 되었다.

이 경제위기의 발발에는 이 '투기적 순간'이 혼자 매우 큰 역할을 했다. 이제 자본주의적 팽창과 경제위기 간의 연결고리는 대수롭지 않게 여기기에는 너무 명확해졌다. 1820년대 후반기에 오자 경기는 다시 천천히 회복되었고, 1830년대가 되자 다시 폭풍 같은 상승기가 전개되었다. 이러한 상승기는 1935년에 정점인 경기전환점에 도달했다. 1830년대 후반기에는 다시 불황이 왔다.

이런 1830년대 경기순환의 중심에는 영국이 있었다. 당시 영국은 이미 세계경제의 박자를 조정하는 역할을 하고 있었다. 당시의 경기상승기는 지나치게 과열된 투기로만 온 것은 아니었다. 거기에는 무엇보다 철과 강철 부문과 철도 산업 부문의 혁신이 상승기를 끌고 갔다. 영국에 풍년이 들어 곡물 수입이 줄어들자, 식료품 구매에서 자유롭게 된 자본을 산업 부문의 발전과 해외무역에 필요한 자금으로 쓸 수 있었다.

과거 라틴아메리카 국가에 대해 투자하면서 가졌던 이윤 창출의 기대는 실현되지 못했지만, 이제는 미국이 그 역할을 대신해주었다. 그때까지 영국의 수출은 유럽 대륙에 초점을 맞추고 있었다. 그러나 점점 더 미국을 대상으로 하는 비중이 커졌다. 영국의 자본시장은 미국의 수입에 자금을 조달했다. 1830년대에 벌써 잘 알려진 세계경제 연계망의 기본적 형태가 마련되었다. 미국은 '끝없는 기회의 나라'였다. 이윤에 대한 큰 기대와 함께 미국은 경기확장에 필요한 자금을 대부분 단기 해외차관으로 조달했다. 만약 미국에 부도 상황이 발생하면 먼저 미국의 금융시장이 무너졌다. 이는 커다란 파장을 일으키는데, 19세기에는 영국을 거쳐 유럽 전역에 영향을 미쳤다. 이런 연관으로 말미암아 1830년대부터 경제위기는 글로벌 경제위기로 확산하는 경향을 띠었다.

1830년대의 경기상승기는 그러나 잘 감지되지 않았다. 영국 산업 부문에 활황이 오자, 영국의 채권과 신용이 동시에 활황이 된 미국에 자금을 조달했다. 미국에도 당연히 더 센 투기 바람이 불어 경기상승이 왔다. 1835/1836년에만 미국에 61개의 은행이 설립되었다. 미국에서의 투기의 핵심은 거대한 영토의 개발로 결정되었다. 무엇보다 대규모 땅 투기가 있었는데, 국가로부터 저렴하게 공급된 땅이 바로 대규모 차액투자의 대상이 되었다.

　미국에서 온 경기상승에 대한 신호가 제법 괜찮았기에 영국도 경기가 점점 더 과열되었다. 경기가 최고점에 도달했을 때 영국에는 명목자산이 대략 1억 3,500만 파운드가 되는 주식회사도 300개나 세워졌다. 거기에는 철도회사 88개, 광산회사 71개와 20개의 은행과 17개의 해운회사가 생겼다. 이런 신생회사뿐 아니라 기존의 회사들도 그들 경영진의 이익 증대를 위해 주식시장에 상장했다. 1834년과 1835년에 다시 1820년대의 투기적 과열이 다시 반복되었다. 특히 많은 은행이 지폐 발행량을 늘렸고, 이를 통해 신용을 만드는 것은 어렵지도 비싸지도 않았다.

　이렇게 영국에서 지폐량이 증가하자 다시 금이 영국에서 빠져나와 특히 미국으로 들어가게 되었다. '융통어음'도 다시 확실히 사용되었다. "7개의 은행의 자기자본이 합해서 단지 대략 200만 파운드인데도 1836년에 미국 채권 1,500만 파운드스털링을 가지고 있었다"(Oelßner, 1949).

　1835년 영국의 국제수지가 악화했다. 금 유출로 인해 영국은행은 금리 상승에 대한 압박을 받았고 이에 따라 영국에서 대출이 비싸졌다. 영국이 이 같은 경제 대책을 내놓은 것은 미국 정부의 은행정책에 숨은 원인이 있었다. 미국이 자신들의 은행에 대해 엄

1837년 미국 앤드류 잭슨 정부의 경제정책을 풍자한 삽화

자료: https://commons.wikimedia.org.

격한 규제를 가하자 영국으로부터 금 유출이 가속을 받아 일어났다. 또한 앤드류 잭슨Andrew Jackson(1767~1845) 대통령 정부는 땅 투기에 대해 확실한 규제 정책을 폈다. 이로 인해 미국의 경제성장은 주춤하게 되었다.

1836년 11월 영국의 북아일랜드에서 일련의 은행 도산이 있었다. 원료와 공산품의 가격이 하락하자 미국으로 수출하는 산업 부문이 파산했다. 이런 영국 경제위기의 최대 희생자는 무엇보다 면방직공업이었다. 이들 부문은 그들 생산품의 많은 양을 북미로 수출했었기 때문이다. 이렇게 해서 미국과 영국은 수년에 걸친 불황에 빠졌는데, 흉년과 불안한 국제정세로 인한 영국의 금 유출로 더욱 가속화되었다. 이러한 경기 전개과정의 배경으로는 1844년

제시된 로버트 필의 두 번째 은행법* 개정을 들 수 있다. 이 법으로 영국은 금본위제도를 확고하게 정착시켰고, 지폐발행권은 영국은행에 넘겨주었는데, 이는 후에 단지 금본위로 지폐를 발행하게 허락했다. 과열된 투기와 융통채권의 사용은 그렇게 해서 억제할 수 있었다.

1840년대 초 영국에서는 경기가 다시 회복되었다. 1842년에서 1844년 사이에는 풍년이 들어 경상수지가 호전되었고, 이러한 상황은 단지 국내시장의 매출 회복에 그친 것이 아니라 경기상승의 수단을 만들어냈다. 이 시기의 경기상승을 이끈 것은 확실히 철도 건설에 대한 투자였다. 이런 상승세는 중공업과 섬유산업에도 전파되었다.

대규모 투자와 함께 다시금 시스템적으로 더 큰 확장을 한 은행 부문이 의미를 가지게 되었다. 대형 은행이 생겼고, 이들은 자주 위기가 발발하는 지방과 지역의 작은 은행의 자리를 차지하거나 최소한 그 옆에 서게 되었다. 생산, 특히 직물산업의 생산량이 많이 증가했고 무역도 이와 함께 활발해졌는데, 미국과 유럽이 영국의 주요 고객이 되었다. 미국에서의 활황은 영국 자본의 유입으

---

* 필의 은행법Peel'sche Bankakte이란 영국에서 로버트 필 총리의 지휘 아래 1844년 7월 19일 영국은행에게 지폐발행권을 주는 것을 인정하는 법을 말한다. 로버트 필Sir Robert Peel(1788~1850)은 영국의 정치가로서, 총리를 지내면서 곡물법을 폐지하고 자유무역을 촉진했다. 1844년 2차 은행인가법 제정을 통해 은행권 발행과 금 보유량 사이 관계를 확립하여 영국의 은행제도와 통화제도의 기초를 마련했다.

로 이루어졌는데, 이 자금으로 1820년대나 1830년대의 수준에는 못 미치지만, 영국의 수출품에 대한 대금으로 사용했다.

1846/1847년에 경제위기가 찾아왔으나, 이 위기는 투기적인 과열이 원인을 제공한 것은 아니었다. 이는 산업 생산량이 많이 증가했으나 시장은 위축되어 발생한 과잉생산이거나 과소소비가 발생시킨 위기였다. 활황이 파산으로 끝나자 쉽지 않은 경제적 상황이 복합적으로 나타났다. 이 위기는 의심할 바 없이 전형적인 과잉생산 위기였는데, 과잉생산 위기가 크게 늘어난 물류 창고를 덮친 격이었다. 무엇보다 1846/1847년 흉년이 오자 시장 경기가 위축되었다. 세계적으로 농산물 가격이 치솟았고, 농산물 가격 상승으로 인해 소비자들의 공산품에 대한 수요는 줄어들었다. 이런 경제 상황은 주식시장에 좋은 영향을 미치지 않았다. 영국의 경상수지가 악화하고, 다시 금 유출이 시작되었다. 영국은행은 지급능력을 높이기 위해 필의 은행법의 작동을 중단시켰다. 이 정책을 통해 시장도 진정되었고, 금 유출도 충분히 막을 수 있었다.

1840년대 후반기의 경제위기는 독일을 포함한 유럽 대륙에도 발생했다. 독일에서는 당시에 철도 건설에 대한 투기적 자금 조달에서 생긴 경기확장기가 잠정적으로 막바지에 이르렀다. 당시 유럽 대륙은 영국보다 자본주의가 덜 발전했기 때문에 경제위기도 농업적 성격을 여전히 더 많이 갖고 있었다. 그러므로 엄밀하게 말한다면 전체적으로 보아 경제위기의 정치적 결과가 경제적 결과보다 엄중했다.

그 이유는 다음과 같다. 철도 부문의 투기적 팽창이 끝나고,

농업위기로 사회적 비참함pauperismus(사회적 빈곤)이 점점 광범위하게 퍼졌고, 이런 사정이 복합적으로 작용하여 정치적 시스템의 정당성에 대한 의문을 갖게 했다. 프랑스의 시민 왕 루이 필리프Louis Philippe (1773~1850)는 투기를 통해 부자가 된 부르주아enrichissez-vous의 대명사로 통했다. 독일과 유럽 다른 국가에서 이런 사회적 비참함이 사람들이 정치적으로 극단화되는 것에 확실한 기여를 했다. 1848/1849년의 사회적 혁명기에는 이러한 긴장이 역설적이게도 자유주의적 자본주의에 유리하게 작동했다. 나폴레옹 3세의 제국(1808~1873)이 1851년 11월에 프랑스에 건국되자 자본주의적 발전의 길을 열었다. 1819년의 경우와 매우 비슷하게 다시 한번 '옛날의' 경제위기적 성격을 띠었던 1846/1847년의 경제위기는 새로운 경기순환의 계기를 마련해주었다. 이런 상황은 어쨌든 1848년 혁명까지 이어졌는데, 그것이 마지막 고대형 위기의 사례였다. 1850년대는 산업화가 유럽에서 가장 강력하게 진행되었다. 미국에서처럼 유럽에서도 경기순환이 경제발전의 거대한 속도조절기 기능을 했다.

19세기 전반부에 나타난 '새로운' 경제위기는 무엇보다 영국과 영국의 주요 무역 상대국에서 나타났다. 언제 이러한 근대적 경제위기가 나타났는지에 대해서 문헌상으로는 논란이 있다. 구스타프 슈몰러Gustav von Schmoller(1838~1917)와 조지프 슘페터 같은 학자들에 의해 이루어진 비교적 오래된 연구에서는 자본주의적 경기순환이 18세기의 마지막 20년에 시작되었다고 한다. 그러나 최근의 연구에는 1820년대에 이미 근대적 경기순환이 시작되었다

경제위기의 역사: 위기는 자본주의 경제의 숙명인가

고 한다. 맑스도 이 시절에 "근대적 삶의 정기적인 순환이 시작되었다"고 주장했다. 펠릭스 피너Felix Pinner는 1830년대에 첫 번째 자본주의적인 경기순환이 전적으로 시작되었다고 추정했다. 그 이전 시기에는 경기순환의 모든 요소가 완전히 나타나지 않았기 때문에 이러한 피너의 주장은 확실히 정당하다고 할 수 있다.

1840년대 후반기까지 '옛날의' 경제위기와 '새로운' 경제위기의 요소는 부분적으로 얽힌 실뭉치처럼 복합되어 있었다. 세계의 서로 다른 지역에서는 다른 시간대에 자본주의의 엄청난 영향 아래 놓이게 되었기 때문에 이 시기를 정확하게 지목하는 것은 쉽지 않다. 그런데도 1820년대부터 지속해서 유지되는 경기순환의 방식이 관찰된다는 것은 분명하다. 그러므로 이 시기에 우리가 근대적 경제위기를 겪기 시작했다고 보아도 틀리지 않는다.

이런 배경에서 새롭게 등장한 경제적 현실을 이론적으로 총정리하는 최초의 시도들이 있었다. 그중에서 무엇보다 칼 맑스의 음울한 전망이 마음에 남는다. 이는 19세기 전반부의 자본주의에 대해 한 번도 타당하지 않은 적이 없었다. 그렇지만 그런 상황은 자본주의와 자본주의적 순환 자체에 의해서만 발생한 것은 아니다.

슘페터는 1848년 이전에 경기확장기가 있었고, 이 확장기는 1787년에서 1842년까지 지속된 장기 순환의 상승기였는데 이후 하강기로 바뀌었다고 보았다. 여기에다가 금 생산량이 줄어들자 물가하락 현상이 생겼다. 이런 주장에 상응하여 영국에서는 1820년에서 1849년 사이에 호경기Hausse-Jahre가 지속되었다. 대략적으로 보자면 펠릭스 피너가 주장한 것처럼 경기가 점차 과잉설비 또는 구매력 약화로 변화하는 국면에서 물가가 전적으로 하락 압력을 받았었다. 1820년부터 1849년 사이 직물 가격이 대략 1/3 정도 하락했고, 철의 가격도 1/4 정도 하락했다. 기업의 '이윤율'은 중기적 평균에 비해 낮아졌는데, 점점 더 떨어졌다. 경제의 발전 과정에서 가격 기구의 자유로운 작동에도 불구하고 요소시장과 생산물 시장에서 균형을 회복하지 못했다. 완전고용은 드물었다. 생산비용 절감의 압박과 이로 인한 임금 압박도 이에 상응하게 높았다. 프리드리히 엥겔스Friedrich Engels(1820~1895)가 자신의 글 『영국 노동계급의 상황Die Lage der arbeitenden Klasse in England』에서 알렸듯이 사회적 빈곤이 더 광범위하게 퍼졌는데, 임금 압박이 이런 빈곤의 경제적 배경이었다.

'비관적인' 경제이론, 특히 사회주의적 서적은 당시의 이러한 전체 경제 상황을 잘 보여주었다. 그러나 예를 들어 생 시스몽디 Simonde de Sismondi같이 사회적으로 보수적인 이론가도 자본주의의 현실을 강하게 비판했다. 그는 자본주의에는 무엇보다도 이윤 압박이 있으며, 기술적 합리화와 임금 압박(여성과 아동 노동)으로 남성 노동의 일부가 사실상 일종의 '산업예비군'이 되어 있다고 했다. 경제이론, 특히 칼 맑스의 경제위기 시나리오는 당시의 시대 상황을 강하게 부각한 측면이 있다. 그러나 미래에 전개되는 경제발전에 따른 '상황 변화'는 이러한 공포를 정당화시키지 못했다. 그 반대로 1850년대와 더불어 광범위한 경기상승기가 왔다. 비록 이를 통해 위기 상황을 완전히 걷어내지 못했지만, 그 위협적인 특징은 제거되었고, 무엇보다도 노동계급의 상황이 점점 더 좋아졌다.

5

'근대 시민사회'의
경기순환(1849~1914)

＊

    1848~1949년 혁명은 대중에게 선전했던 기준에서 보자면 실패했지만, 기대하지 않은 결과를 가져왔다. 이로 인해 1850년대와 1860년대는 확실히 '근대 시민의 시대'의 핵심적인 시기가 되었다. 1850년대의 시작과 함께 다시 경기상승기가 왔고, 이 상승기는 1870년대 초에 멈출 때까지 지속하였으며, 농업 부문에 큰 변화를 가져왔다. 1870년대와 1880년대는 소위 한스 로젠베르크 Hans Rosenberg 같은 학자에 의해서 소위 '대공황'이라 불리며 오랫동안 경제적으로 아주 힘이 들었던 시기로 여겨졌지만, 그동안의 연구를 통해 이 같은 시각은 수정되었다. 이 수십 년 동안 경제는 성장했는데, 그 이전처럼 역동적이지는 않았고 게다가 더 큰 구조적 문제점을 갖고 있었다. 그다음 이어진 '황금기Belle Epoche'에는 언제까지인지 알 수 없는 긴 경기상승기가 왔다. 1914년까지 경제위기의 경험과 공포는 다시 커지기 시작했다. 발전된 산업사회에서는 경제위기를 최대한으로 고려해 말해서 사람들이 두고 간 자본주

의가 지은 '젊은 날의 치기 어린 실수' 정도로 보았다.

⊃ 1850년대의 호경기와 1857년의 첫 번째 글로벌 경제위기

1848/1849년 혁명이 동력이 된 경기순환이 지난 후부터 세계적인 경기상승기가 왔다. 그 시절은 캘리포니아의 금 채굴로 큰 이익이 난 시기였고, 이를 통해 통화량이 그 이전 시기에 비해 많이 증가했다. 1840년대의 금 채굴량이 500톤보다 적었던 데 비해 1850년대와 1860년대 채굴량은 거의 2,000톤이었다. 물론 채굴량은 점점 더 적어지는 경향을 보이기는 했다.

이러한 경기의 확장 국면은 1850년대 초부터 시작되었고, 1857년에 확실히 끝났다. 여기에는 당시의 인구증가가 기여했는데, 어느 정도 긍정적인 영향을 미쳤다. 이는 농업경제가 농업 생산성의 획기적인 진보로 증가한 인구에 저렴해진 농산물로 식량을 조달할 수 있었기 때문이었다.

그런데도 여전히 전근대적인 대량 기아에 시달리던 유럽 대륙에서는 인구 중 일부가 해외로 이주하는 일이 흔하게 생겼다. 이는 추가로 유럽의 경제적 짐을 덜게 했고, 동시에 미국의 경기상승도 가져왔다. 무엇보다도 미국 이주로 인한 큰 이익 덕분에 미국의 인구가 증가하여 1850년대 말 미국 인구 2,500만 명, 영국 인구 2,700만 명으로 영국과 비슷해졌다.

미국은 '끝없는 기회의 땅'으로 세계경제의 중심지가 되었고, 비록 유럽의 대단했던 산업화 수준까지 도달하지는 못했지만 세계경제 역동성의 중심이 되었다. 그러한 활황의 핵심에는 철도 건설이 있었다. 철도의 확장과 북미 지역의 점차적인 개척은 유럽 투자자와 은행이 큰 기대를 하게 했고, 이들은 미국의 철도 건설에 대한 주식과 채권에 어마어마하게 투자했다.

이것은 유럽에서 경제성장의 속도조절기 기능을 했다. 한편으로는 운송비용을 줄이고 해외시장의 개척을 쉽게 했고, 다른 편으로는 투자를 관리했다. 철도 건설과 철도 운영사업은 석탄광산, 철과 강철 산업, 기계 산업과 통신기술 부문의 생산물의 주요한 수요처가 되었다. 이에 따라 철도주식회사는 현대적 대기업의 원형이 되었다(Chandler, 1962).

여기에 부가해서, 현대적 자본시장의 설립도 철도 부문의 자본 수요와 긴밀하게 연관되었다. 현대적 주식은행은 그들의 성장에 대해 무엇보다 먼저 철도 산업에 감사해야 한다! 철도 부문 활황의 결과로 특히 유럽의 산업 생산이 크게 성장했고, 이에 부응해서 북아메리카로의 수출도 늘어났다. 철도와 관련된 물품이 유럽에서, 특히 영국에서 북아메리카로 들어왔다. 이것이 19세기의 시작부터 잘 알려진 국제 간 거래의 전형적인 유형인데, 특히 영국의 은행과 무역회사들이 미국으로의 상품 수출을 위한 자금을 대는 거래 형태가 이 시기에 다시 확인되었다.

은행과 무역회사들은 철도와 광산 부문 외의 금융 거래에서도 경기상승기에는 큰 이윤을 얻었다. 예금은행 형태의 은행 부문에서 이윤이 발생했는데, 이는 프랑스의 크레디트 모빌리에Crédit Mobilier의 창업자 이삭 페리에Isaac Pereire(1806~1880)와 에밀 페리에

Emile Pereire(1800~1875)의 사례로 확인할 수 있다. 그들은 다음과 같이 돈벌이를 했다. 장부상의 화폐인 '지로겔트'*를 만들어서 이를 통해 은행시스템의 신용창출 가능성을 넓히는 것이다. 만약 새로운 예금은행이 자기자본량을 속이면 엄청나게 많은 신용을 창출할 수 있었다. 이런 연유로 지로겔트는 새로운 지불수단으로 등극했고, 새로 건립된 이런 은행들은 그들의 통화량을 화폐발행은행(중앙은행, 태환은행)의 입장과는 독립적으로 넓힐 수 있었다. 이런 은행 운영 방식은 경제의 역동성을 높였으나, 이와 함께 위험도 확실하게 커졌다.

은행의 이러한 혁신적인 금융 운영방식은 미국에도 영향을 미쳐, 미국에 있던 기존의 은행 시스템을 강타했다. 그간 은행제도의 상위에 존재하면서 은행을 관장하던 중앙은행** 중심의 구조가 배격당했다. 1830년대 이후 중앙은행이 더는 금융권을 통제할

---

* 지로겔트Giralgeld는 이탈리아어 지로giro로 불리는데, 'Buchgeld', 'Depositengeld', 'Kreditgeld' 등으로 장부상의 돈을 의미한다. 지급인과 수취인이 현금이나 수표를 이용해서 거래하는 것이 아니라 예금 계좌를 이용하여 결제하는 제도이다. 현금처럼 법적으로 인정받는 지불 수단은 아니지만 일반적으로 지불 수단으로 사용된다.

** 미국의 중앙은행인 미합중국제일은행First Bank of the United States은 1790년 세워진다. 현재 미국의 중앙은행 격인 연방준비제도Federal Reserve System는 1907년 은행 공황을 해결하기 위해 1913년 12월 23일 연방준비은행법 Federal Reserve Act에 근거해 설립된 것으로, 12개 연방 준비은행으로 구성된 시스템이다. 설립 당시 은행에 대한 사회적 불신이 컸기 때문에 은행이라는 용어를 사용하지 않았다.

수 없게 된 법적인 상황 때문에, 활황의 시기에 이러한 은행제도의 분열은 더 심화되었다. 1850년에서 1857년 사이에만 '혼합된 형태'의 주립 은행 수가 증가했는데, 지역은행에서 지폐발행권을 가진 은행 수가 824개에서 1,416개로 증가했다.

독일은 1852년 이후에 흔히 말하는 그륀더차이트Gründerzeit(건국 시기)가 도래했다. 이 시기는 이후 1870년대 초기까지 지속하였다. 그 몇 년 사이에 수많은 대기업이 금융 부문, 철과 강철 산업, 석탄산업, 전력산업, 화학 산업 부문과 기계설비 산업 부문에 생겨났다. 이러한 경기상승을 끌고 가는 주력산업은 철도와 철도 운영 산업이며 이들과 연관된 광산업Rainer Fremdling이었다. 회사 건립의 형태는 프로이센 이외에서는 대부분 주식회사 형태였다. 독일은 프로이센 내에서 주식회사 인가를 받는 것에 다른 나라보다 많은 제약을 두었다. 은행 부문에서는 1870년대 이전까지는 '주식회사 형태의 은행, 주식은행'이 건립되지 못했었다. 그 당시 베를린에서는 이러한 주식회사라는 새로운 방식에 대해서 진지하게 생각하지 않았기 때문이다.

이런 이유에서 새로운 주식은행은 남·서부 독일에서 먼저 생겼다. 대표적인 사례가 상업과 산업을 위한 다름슈테터 방크Darmstaedter Bank 같은 은행인데, 외향은 크레디트 모빌리에를 모델로 삼아 세워졌다. 프로이센 제국의 이러한 금융억제 정책에도 불구하고 독일의 주식시장은 상승기에 있었다. 주가는 1850년대 초에서 1856년 여름까지 두 배로 뛰었다. 그 시기에는 주가 상승이 세계적인 현상이었다. 그러자 다시금 기존에도 그랬던 것처럼 차액투자거래가 생겼다. 무엇보다 크림 전쟁으로 인한 수요의 증대로 공산품과 식료품 가격이 상승했기 때문에 상품 기한 거래차익에 대한 투기도 추가되었다. 뉴욕의 항구는 세계의 큰 집하처가 되었다. 뉴욕 항이 대출로 구매한 대량의 상품이 가격 상승을 노리며 쌓여 있는 중간 집하지 역할을 했기 때문이었다.

하지만 오래 지나지 않아 첫 번째로 과열의 조짐이 나타나기 시작했다. 이미 1855년부터 프로이센 정부는 주식투자와 선물[*]
투기에 대처했다. 그들이 주식은행을 건립을 억압한 것은 어느 정도는 투기 거품의 형성을 관찰한 결과였다.

프로이센의 핵심 대응책은 사기업인 '체텔방크'(지폐은행)[**]를 폐지하는 것이었다. 1857년 프로이센 정부는 프로이센 국립 은행이 제대로 작동하게 하기 위해 이들 은행을 완전히 청산했다. 독일 주식시장의 호황은 이 대책으로 종지부를 찍었다. 이런 정책 시행으로 인해 뒤에 나타나는 세계 금융시장의 도산에서 프로이센은 전체적으로 비켜설 수 있었다.

다른 나라에서는 1856년에 붕괴의 첫 번째 징후가 나타났다. 파리 주식시장에서 그해 가을에 주가가 급락하자 뉴욕에서 자본 유출이 발생한 것이다. 무엇보다도 이런 첫 번째로 나타난 경제위

---

[*] 선물Termingeschäftl-handel이란 파생상품으로 선先매매 후後물건인수를 하는 방식을 말한다. 자산을 결정된 가격으로 미래 시점에 인도나 인수할 것을 약속하는 거래로, 시점 간 가격차이가 날 경우 투기적으로 이용될 가능성이 있다.

[**] 체텔방크Zettlebank는 독일의 은행권발행 은행, 지폐발행 은행이다.

기 현상 때문에 뉴욕에서의 할인율*이 결국 11%까지 증가했고, 이런 고금리는 미국 자본시장의 활동을 억제했다. 1856년 여름, 그래서 경제위기의 첫 번째 조짐이 시작되었다. 이 위기의 공개적인 발발은 1년 뒤에 이루어졌다.

유럽 대륙에서의 기대심리에 따른 투기가 끝나고, 1856~1957년 영국이 인도와 중국에서 군사적 충돌을 일으키자, 이는 전체적으로 유약한 상황에 있던 미국에 위협이 되었다. 이는 미국이 유럽에서 온 자본유입에 의존하였기 때문이었다. 1857년 상품 수입이 천천히 줄어들었다. 매출이 멈추자 뉴욕의 항구는 상품으로 넘쳐나게 되었다. 이윤을 기대했던 선물투기는 이자를 잡아먹는 거대한 상품더미가 되었다. 1857년 8월 24일 붕괴의 굉음이 들리기 시작했다. '오하이오 생명보험과 신용회사Ohio Life Insurance and Trust Company'가 그들의 지급을 중지했다. 비교적 내실이 탄탄했던 이들 회사 자신이 투기에 가담했던 것이다. 이 회사들은 단기 도래 예금**을 장기적인 투자처인 철도 건설에 투자했다. 한편에서는 농산물 가격 하락 때문에 철도 수입이 줄어들었고, 다른 편에서는 활황의 결과 새로운 철도 건설의 비용이 엄청 많이 상승했기 때문에 이들 회사가 재정적 어려움에 빠졌다. 이는 전체 철도회사를

---

* 할인율Diskont은 돈의 미래의 가치를 현재의 가치와 같게 하는 비율인데, 일반적으로 이자율이 올라가면 미래가치를 현재가치와 일치시키는 비율도 높아지기 때문에 할인율도 상승한다.

** 예금Depositen은 일정한 계약으로 금융 기관에 단기나 장기로 이자를 받고 금융 자산(돈)을 맡기는 것을 총칭한다.

1857년의 경제위기, 뱅크런 사태를 그린 ≪하퍼스 위클리Harper's Weekly≫(vol. I, p.692) 신문 삽화
자료: https://commons.wikimedia.org.

강타했다. 특히 주식으로 돈을 벌던 회사, 이 주식들이 대부분 깡통 주식이었으므로, 그리고 채권으로 자금을 조달하던 회사가 지급불능에 빠졌다. 자본투자자 일부는 자본을 빼서 철수했다. 주가가 이미 발행가보다 낮은 경우가 자주 발생했음에도 일부 투자자는 여전한 투자 열기에 취해 발행가에 주식을 사는 사례도 있었다.

오하이오 생명회사의 파산은 도미노 효과를 낳았다. 은행은 그들의 대출을 회수했고, 대출을 해준다고 하더라도 고금리로만 시행했다. 하루 금리가 일정 시간 동안에는 60~100%까지 올랐다. 짧은 기간 내에 14개의 철도회사가 문을 닫았다. 물가는 폭락했다. 누구도 그들을 도울 수 없었기 때문에 지급불능 상태에 빠진 은행이 줄을 이었다. 중앙은행은 존재하지 않았다. 1857년 9월

경제위기의 역사: 위기는 자본주의 경제의 숙명인가

25일에서 29일 사이에만 4개의 주에서 185개의 은행이 도산했다.

1857년 10월 10일 뉴욕에서는 '뱅크런Bank Run(예금대량인출)' 사태가 발생했다. "18개의 뉴욕 시립은행은 그날 영업을 포기했고, 다음 날에는 남은 33개 중에서 32개가 영업을 포기했다"고 한다(Oelßner, 1949). 이런 사태로 은행의 현금 지급 의무가 중단되자 뉴욕의 상거래가 마비되었다. 그 이후 뉴욕에만 100개의 무역회사가 문을 닫았다. 미국에서 경제위기 기간의 전체 도산업체의 수는 1857년에서 1858년 사이에만 5,000개를 넘었다.

이렇게 지급불능 상태에 빠진 모든 회사가 경제적으로 문제가 있었던 것은 아니었다. 투기 열기가 끝나고 금융시장이 마비되자 건실한 회사조차 지급불능 상태에 빠지게 되었다. 이런 회사 중에서는 최소한 일부나마 자기 지급 의무를 이행한 회사도 있었다. 시간이 훨씬 지난 뒤에야 그들은 회사 운영을 다시 정상화할 수 있었다.

미국 경제위기는 그다음에, 교과서에 나온 것같이 전형적인 전개과정을 거친다. 도산의 물결과 이와 함께 이어지는 시장청산 과정을 거치고 나니 재고품에 대한 매출이 증가했다. 새로운 신용이 유럽에서 들어왔고, 거래는 다시 시작되었다. 이렇게 해서 은행 시스템에 대한 직접적인 위기의 극복은 1857년 12월 달성되었다. 그러나 실물경제의 투기 거품 붕괴로 인한 경제위기는 1859년 정도까지는 진행되었으되 그렇게 강력하지는 않았다. 기업에 대한 국가의 지원은 없었다.

영국에서는 무엇보다 정보 전달의 지연으로 미국에서 경제위기가 발발한 뒤 2개월 후에 위기가 왔다. 영국은 오랫동안 경제위기를 피할 수 있다고 믿었다. 미국의 할인율 인상과 연관되어 영국에서 금 유출이 일어나자 영국의 할인율 인상 압력이 가해졌는데, 이것이 영국 경제에 직접적이지는 않지만 부정적인 영향을 미쳤다.

그뿐만 아니라 1857년 10월 말에서 11월 초에 영국 북부와 스코틀랜드에서 일련의 은행 도산이 일어나자 영국은행에 대한 뱅크런 사태가 생겼다. 이는 영국은행의 개입으로 곧 해결되었으나 그들의 금 보유량을 비용으로 지급해야 했다. 이렇게 금 보유량이 줄어들자 1857년 11월 12일 영국 정부는 은행법을 제정하고 200만 파운드의 지폐를 특정 조건 속에 발행했다. 이 같은 통화량 증가로 할인율이 10% 수준으로 지켜졌다. 이로 인해 시장이 안정되었고, 특히 신용 대출이 어려워졌다. 그 이후 일련의 무역회사들이 도산하고, 물가가 떨어지며, 생산이 줄어들고 실업자가 늘었다. 투기 거품의 붕괴는 경기를 강력하게 추락시켰다. 이런 경기 하강기는 1859년까지 지속되었다. 1859년이 되어서야 처음으로 생산 수준과 수출 수준이 1856년의 수준을 회복했다. 노동조합 회원의 실업률은 경제위기 시에 12%까지 올라갔으나 다시 2%로 내려왔다.

유럽 대륙, 특히 평지에 있는 나라들이 대부분 큰 도산 없이 경제위기를 이겨나가는 동안, 금융회사와 무역회사가 밀집한 함부르크가 경제위기를 맞았다. 함부르크는 1856년의 투기 과열이 일찍 끝나서 1857년에 극단적인 붕괴를 맞는 것은 피했다. 그런데도 산업 생산은 유럽 대륙의 경제위기의 영향을 같이 받았다. 경제위기를 어느 정도 피할 수 있던 것도 함부르크가 엄청난 타격을 받기 전까지였다. 함부르크는 1888년까지 자유 무역항이었고, 세계의 화물을 하역하며 무역과 금융의 도시 역할을 했다. 이렇게 함부르크는 유럽 대륙이 세계로 연결되는 큰 관문의 역할을 하며 영국과는 대서양 무역으로 밀접하게 얽혀 있었다. 함부르크의 무역회사와 은행들은 이 무역 거래를 관장했고, 런던 시티Londer City 는 재할인 기능을 했다. 세계 무역이 크게 팽창할 때 함부르크는 세계 무역의 큰 부분을 차지했는데, 특히 대량의 채권 발행으로 자금을 조달하여 상품 교역의 투기적 팽창에 대규모로 참여했다.

1857년 가을 함부르크의 채권 대략 4억 '마르크 방코'* 정도가 전 세계를 돌아다녔다. 뉴욕에서 경제위기가 발생하고 런던도 파국으로 갈 때쯤 함부르크에서도 위기가 발생했다. 1857년 11월 15일에서 12월 15일 사이에 거의 파산이 된 불량채권이 함부르크로 돌아왔다. 이를 막기 위해 조달해야 하는 돈이 12월 초까지 1억 마르크였다. 줄줄이 파산이 일어날 위협이 닥치자, 이를 해결한다고 '개런티 - 할인 조합Garantie-Discontverein'을 만들었다. 그러나 이는 무엇보다도 성공할 수 없는 해결책이었다. 12월 2일에서 5일 사이에 무려 100개의 무역회사가 지급불능 상황에 빠졌다. 그러자 곧 주식시장과 상인들 사이에 히스테리적인 분위기가 퍼졌다. 함부

---

* 마르크 방코Mark Banco는 함부르크에서 특히 도매 거래에 사용되는 화폐 단위로서, 이는 은행 장부상에 기록되는 통화로 1875년에 폐기되었다.

르크 시의회는 이 상황을 해결하기 위한 지원을 해달라는 요구를 받았다. 그 지원책 중에서도 공채 발행과 채권 조례 제정이 선호되었다. 시의회는 이 대책을 거절했으나, 그 대신 오스트리아에서 자금을 들여와서 국가할인은행을 설치했다. 그리고 이 은행은 각 무역회사당 1,500만 마르크까지 지원했다. 이런 시의회의 조치로 시장은 점점 안정되었다. 이러한 국가의 지원은 함부르크에서만 있었다. 미국이나 영국에서는 국가의 직접적인 개입이 없었고, 경제위기가 스스로 기력이 다하도록 그냥 두었다.

1858년에 전 세계적인 불황이 왔다. 그러고 나서 그다음 해인 1859년에는 다시 경기상승기를 맞았다. 미국은 1857년의 경제위기가 끝난 시기부터 몇 년 후에 벌어진 시민전쟁까지 세계경제 역동성의 중심축 역할을 했다. 영국은 인도 및 중국과의 전쟁 이후에 그곳에 영국의 공산품 수출을 위한 시장을 세우는 것에 어쨌거나 성공한다. 1860년대의 세계적인 경기상승은 지역적으로 평준화된 형태로 나타났다.

1857년 글로벌 경제위기는 어쨌든 그 전개과정에서나 그 세력이 미친 범위에서나 첫 번째로 도래한 글로벌 경제위기라고 할 수 있었다. 1857년 경제위기는 맑스와 엥겔스가 자본주의의 마지막 재앙이 터졌다고 희망을 담아 예견했을 만큼 어마어마한 규모였지만, 긍정적인 경제 발전의 과정 속에서 나타난 하나의 예외적 현상이었다.

사실 1850년대의 투기적 경기상승은 경제체제 내에 깊이 장착된 경제의 추진력이 표현된 것이지 단순한 경기과열인 것만은 결코 아니었다. 거대한 금광의 발견, 인구 증가 그리고 그 당시에 일어난 수많은 기술적이고 경제적인 혁신은 경제에 특별히 효율적이며 유리한 환경을 만들었다. 이런 경기 상황이 독일은 1857년 가을에, 그리고 더 작은 규모였지만 1866년에 경제위기로 잠시 중단되기는 했지만 전반적으로는 1870년까지 지속하였다. 독일에서는 1852년에서 1873년까지 21년 동안에 드러난 경제위기 국면이 세 차례 있었다. 그러나 1848년 이전과 다르게 물가가 상승하고 기업의 이윤도 증가했다. 이런 상황에 힘입어 유럽의 기업들은 세계경제의 공급자와 자금조달자로의 기능을 확실히 하게 되었다. 신용경제의 강한 상승세는 종종 과열 양상을 보이기도 했지만, 이것이 단점이거나 잘못된 방향으로의 발전한 것은 결코 아니었다. 즉 그것이 가져오는 단점보다 장점이 많았다. 충분한 자본이 유럽과 미국의 경제성장을 위해 제공되었고, 그렇지 않았다면 침대 밑에 보관되어야 할 국가채권이 안전한 저장고에 보관되는 역할도 했다.

➲ **건국 호황**Gründerboom, **건국 호황의 붕괴**Gründerkrach, **대공황***

1857년 글로벌 경제위기가 끝난 후 남북전쟁으로 경기가 주춤하던 미국을 제외하고는 전 세계적인 경기상승기가 펼쳐졌다.

---

* 1873년 발생한 경제위기, 건국 경제위기Gründerkrise 발발부터 1896년까지 지속된 불황을 의미한다.

물론 이 상승기는 1866년과 1867년에 단기적 경제위기로 중단된 적도 있다. 오직 영국만이 경상수지 악화와 대량의 금 유출로 인해 경제위기를 크게 겪었다.

독일에서는 이런 상승세 외에도 프로이센 제국의 군사적 성공과 1871년 프랑스와의 전쟁에서의 승리로 만들어진 독일 제국의 통일로 인해 경기가 좋아졌다. 프랑스의 전쟁분담금 50억 골드 프랑은 유럽의 채권시장을 문제없이 받아들여졌고, 이것이 독일 경기상승의 또 하나의 자극제가 되었다. 경기가 과열되었다는 징후가 늦어도 1872년에는 분명히 나타났으나, 처음에는 이 징후를 그렇게 심각하게 받아들여지지 않았다. 당시 활황을 끌고 가던 주력 부문은 1850년대처럼 철도, 철과 철강, 석탄 광산, 기계 제작, 직물, 식료품이었다. 인구 증가와 도시의 성장으로 인해 건설과 부동산 경제도 호황의 주력군이었다. 이러한 독일의 호황은 전체 자본주의 국가와는 다른 특징을 보였다. 1872년의 경기는 활황이었다.

이처럼 1866년부터 수년간 지속된 독일의 경기확장기는 유례가 없는 것이었고, 1871년 이후에는 극단적인 과열 과정을 거친다. 새로운 기업들이 세워졌고, 순투자의 규모가 두 배가 되었으며 통화량도 많이 증가했다. 건설경기도 활황이었는데 그 규모가 엄청나서 1949년 이후에야 다시 그 규모에 도달할 정도로 컸다. 이에 따라 투자재와 소비재의 가격이 확실하게 올랐다. 이 시절에 대한 전형적인 표현은 '그륀더벨레Gründerwelle*였다. 1870년 북부 독일의 주州와 독일 제국의 상법에 대한 수정법령이 제정된 이후 프로이센 제국에서도 주식법이 자유롭게 되었다. 이에 따라 회사가 단서 조항이나 제한 없이 세워질 수 있게 되자 상장주식회사의 수가 폭발적으로 증가했다. 1871년에서 1873년 사이에 주식회사가 900개 이상 설립된 것이다. 이 중에 새로 설립된 회사는 드물었고, 기존에 있던 회사가 큰 상장 이득과 주가 상승 이득을 남기기 위해 회사를 상장한 경우가 대부분이었다. 독일 대형은행이 위험을 감수하며 상장을 하는 것에 비교적 소극적인 태도를 보였기 때문에 투자은행, 소위 마클러방크Marklerbank(중개인 은행)가 이 일을 맡기 위해 설립되었다. 1871년과 1872년 사이에 이런 주식은행이 100개 이상 새로이 주가표에 등장했다. 상장 회사가 가장 많은 부문은 중공업과 함께 토지, 부동산, 건설 회사였다. 이들 회사는 부동산 가격 상승 때문에 대중적인 대량 수요를 안정적으로 확보하고 있었다.

베를린 주식시장에서 주가가 1870년에서 1872년 사이에 두 배로 올랐다. 이에 따라 회사와 은행의 배당금도 크게 올라갔다. 이렇게 배당이익을 최고로 많이 주는 곳은 새로 건립된 중개인 은

---

* 당시 독일은 300여 개의 연방으로 나뉘어 있었다. 이런 독일이 프랑스와 전쟁에서 승리하고 1871년 독일 제국이 건립(그륀더야Gründerjahr)된다(1871). 여기서 그륀더야레Gründerjahre(제국성립기Gründerzeit)는 좁은 의미로 1871~ 1873년을, 넓은 의미로는 1870~1900년까지를 일컫는다. 독일은 이 시기에 프랑스로부터 받은 배상금으로 경제적 호황을 이루고 산업화를 완성해 갔다. 이 시기의 경기상승과 활황을 그륀더붐Gründerboom, 이후 맞은 1873년의 경제위기를 그륀더클라슈Gründerkrach, 이 시기의 전반적인 경제사회적 변화의 물결을 그륀더벨레Gründerwelle라고 한다.

행(투자은행)이었다. 이들은 1871년에서 1873년 사이에 명목자본의 25%를 배당금으로 분배했다.

1872년에 들어서자 시장에 대해 불안해하는 분위기가 커져갔다. 정부는 과열되어가는 투기 현상에 대해서 우려하기 시작했고, 독일 제국 의회와 프로이센의 국회에서는 이런 상황에 대해서 공개적인 경고를 했다. 주가는 1872년을 지나면서 최고점에 도달했다. 부동산 열풍은 이러한 경고에도 불구하고 지속되었다. 건국 경제위기는 1873년을 시작으로 두 차례 왔다. 첫 번째 위기는 1873년 4월 말~5월 초의 주가 폭락과 빈Wien 주식시장의 동시 도산으로 몰려왔다.

독일에서는 경기상승기의 보호막 속에서 확실히 고유한 형태를 띤 거품이 무엇보다 부동산 투기를 배경으로 형성되었다. 부다페스트 은행의 파산 이후 1873년 4월과 5월에 다뉴브강 일대의 지역에는 엄청난 주가 폭락이 있었는데, 우량 주식조차 며칠 사이에 기존 가치의 90%를 잃었다. 이러한 주가 폭락은 그 회사와 연관된 은행을 나락으로 끌어내리면서 위협했다. 정부가 나서서 개입했으나 파국의 파고는 멈추지 않았다. 오스트리아 중앙은행이 개입하여 대규모 공적자금을 만들어 지원했지만, 이런 경제 상황을 일시적으로 조금 잠재울 수 있을 뿐이었다.

빈의 붕괴보다 더 경제를 힘들게 했던 것은 무엇보다 1873년 9월 18일 뉴욕 은행 제이 쿡 앤드 컴퍼니Jay Cook & Company의 도산이었다. 이 은행은 남북전쟁에서 북군을 도왔고 남북전쟁의 자금을 조달했기 때문에 대중으로부터 큰 존경을 받았었다. 제이 쿡 앤드

1873년의 경제위기, 오
스트리아 빈의 '암흑의
금요일'
자료: https://commons.
wikimedia.org.

컴퍼니는 전쟁 이후 북태평양 철도사업North Pacific Railroad에 참여하
면서 투기 행렬에 동참했다. 이 투자는 원론적으로만 보자면 경제
적으로 매우 효율적이었다. 1850년대처럼 1870년대 초에도 철도
관련 사업은 주주가 큰 자금을 내지 않고도, 채권으로 자금이 조달
되게 되었다. 그리고 뒤에 철도가 운영되면 그 수입으로 채무를
갚게 되어 있었다. 활황기에는 주식과 채권 값이 순조롭게 올라갔
다. 그러나 1873년에 철도 건설과 운영에 드는 경비가 증가하자
철도 건설 사업의 업황이 나빠졌다. 주가는 정체되었고 주주가 발
행했던 채권에 대한 지급 요구가 쇄도했다. 갑작스럽게 일어난 동
시적 투매로 주가가 폭락했다. 그 결과로 거대한 도산의 물결이
일었다. 나락에 떨어진 금융시스템을 바로 세우기 위해 뉴욕 주식
시장의 문을 일정 시간 닫아야 했다.

이번 위기에도 국가는 개입하지 않았다. 금융시스템 자체의
붕괴는 은행과 뉴욕 무역회사의 공동 자구책을 통해 피할 수 있었
다. 사람들은 특정 금액 이상의 돈을 자신의 통장에서 찾을 수 없
게 하는 안에 합의했다. 인출 가능 금액보다 높은 액수에 대해서

는 영수증만 주었고, 이를 새로 설치된 청산소에 제출하게 되었고, 여기서 그 액수를 청산했다. 이러한 청산 방식은 성공적이었다.

뉴욕의 동시 파산은 세계경제에 심각한 영향을 미쳤다. 이는 유럽 자본 중 큰 규모가 미국 철도부문으로 투자되었기 때문이었다. 이런 연관으로 빈의 파산으로부터 글로벌 경제위기가 발생하게 되었다.

베를린에서는 1873년 10월에 동시 파산이 시작되었다. 특히 부동산과 건설 투기에 크게 투자한 은행인 퀴스토르셰 페어아인방크Quistorpsche Vereinbank가 지급불능 사태에 빠졌다. 주가는 이 시점에서도 기존 최고점을 경신했다. 경제위기는 새로 설립된 주식회사의 도산을 가져왔다. 1870년대 이후 설립된 900개 회사 중에 대략 700개 회사가 수년 내에 지급불능 사태에 빠졌다. 빈의 주식시장 붕괴 이후에 약간 회복하던 주가는 1873년 여름 최종적으로 곤두박질쳤다. 444개 주식회사의 주가 총액이 1872년에 45억 3,000만 마르크에서 1874년 말에 24억 4,000만 마르크로 감소했다. 1869년 이후 세운 186개 주식은행 중에 71개가 지속적인 영업정지 상황이 되었다.

그 결과 독일도 다른 나라처럼 심각한 경기후퇴를 맞았다. 생산과 매출은 줄었고 물가는 내려갔으며 투자는 끊겼다. 확실한 불황이 온 것이었다. 그리고 이 불황은 실제로 1878/1879년까지 지속되었다. 그러나 이런 불황의 분위기는 1890년대까지도 지속되는 것 같았다(대공황). 이 국면은 확실한 경기냉각기라고 해석될 수 있는데, 이는 자본스톡의 급격한 팽창, 신기술 개발, 가격 하락

1877년 미국 시카고의 철도 대파업
자료: https://commons.wikimedia.org.

이라는 연쇄적 작용의 결과로 나타난 것이다.

　이런 불황은 각 경제부문마다 각각 다른 강도로 영향을 미쳤다. 중공업 분야는 오랜 확장기 후에 생긴 과잉 설비와 매출상의 큰 문제에 부딪혀 수익이 점점 줄어들었다. 반면에 화학 산업과 전력기술 산업은 긴 상승기에 있었는데, 이 상승세는 1890년대부터 강력하게 가속화되었다. 대규모로 경작하는 농업 부문이 국제경쟁력 하락과 가격 하락에 상황에 빠졌는데, 이런 업황은 큰 폭의 가격 폭락으로 힘들게 유지하던 탄광산업과 처지가 아주 비슷했다. 직물산업은 겨우 다시 안정세를 찾았다.

　물가하락은 경기순환에 가장 강력한 영향을 미쳤다. 도매가격이 1871년에서 1895년 사이에 40%나 감소했다. 1879년까지 투자재와 소비재의 가격들도 비정상적으로 많이 떨어져서, 1914년까지도 '그륀더야Gründerjahr'의 수준보다 높지 않았다. 매출액 하락과 함께 기업의 이윤도 떨어졌다. 이러한 물가하락 상태는 미래에 어떤 일이 생길지도 결정해주었다. 1880년대와 1890년대 동시대인들은 이러한 물가하락 상태 때문에 '비관적이고 불편한 바닥 민심'을 갖게 된 것이다(Rosenberg, 1974).

이 같은 우울한 분위기는 건국 활황의 붕괴 트라우마에 기인한다고 할 수도 있다. 이런 분위기는 그 시대의 경제주체가 무엇보다 먼저 물가와 주가에 주목했고, 이런 지표가 실제로는 그 후 몇 년 안에는 회복되지 않았다는 사실과 결정적인 관련이 있었다. 이러한 물가하락이 왜 발생했는가에 대해서는 오늘날까지 확실하게 밝혀지지는 않았다. 분명한 것은 어쨌든 점점 금을 조달하기가 어려워졌다는 점이 역할을 했는데, 이런 상황이 통화량 증가를 막았기 때문이다. 다른 측면에서 건국 호황의 시절에는 생산량만 놀랍도록 크게 증가한 것이 아니라 생산 기술도 향상되었다. 또한 처음으로 규모의 경제의 혜택도 누렸다. 이렇게 되자 상대적으로 자유로웠던 세계경제 환경 아래에서 무시무시한 경쟁도 생겨났다. 아직까지도 당시 통화량을 더 빠르게 증가시켰다면 물가를 더 상승시킬 수 있었는지는 의문이다.

생산은 이러한 물가 하락 상황에도 불구하고 1870년대부터 다시 가동되었다. 저금리와 생산 설비 근대화를 위한 투자는 경기를 호황기로 이끌었다. 미국으로 철도 부품을 수출하게 되고 최소한 간접적으로라도 프로이센의 철도가 공영화되면서 자본시장이 자극되었다. 그런데도 경기상승기는 그냥 짧게 지나갔고, 그렇게 호황도 아니었다. 벌써 1883년부터, 다시금 더 미약해지기는 한 과잉생산의 위기가 왔다. 이 위기는 1886년까지 지속되었다. 선철에 대한 수요가 줄었고, 도매가격은 다시금 내려갔으며, 주식회사 설립 건수도 줄어들고 주가도 내려갔다.

1886/1887년에 새로운 경기순환의 상승기가 왔다. 이 순환은

4년간의 활황기를 가져왔고, 다시금 모든 산업 부문이 활황을 맞이했다. 오랜 주력 분야였던 중공업 부문과 석탄 산업은 다시 강한 성장세를 보이며 금속산업 분야처럼 크게 성장했다. 주가는 다시 상승했고, 새로 설립된 회사의 자본이 엄청나게 증가했다. 경기 상승기는 다시 왔지만 그 지속 기간은 짧았다. 1891년부터 1893년까지 경기는 다시 많이 나빠졌다. 사회총생산이 줄어들었고, 선철 수요도 줄었으며 물가와 주가도 내려갔다.

1873년에서 1895년 사이는 많은 사람이 오랫동안 짐작했던 것 같은 그런 침체된 시기가 아니었다. 다만 그 시기는 물가 하락 속에서 성장의 속도가 느려진 것이다. 이런 요인에서 이윤과 수익이 줄어들자 기업 쪽의 분위기가 나빠졌다. 착 가라앉은 우울한 분위기가 건국 시절의 뿌듯함에 취해 있던 사회 전체를 엄습했다. 무엇보다 이 시절에는 '경제자유주의' 정신을 잃어버렸다. 이 사상은 '독일 건국 시대'에는 공식적인 사고를 결정지었고, 주식법을 자유화하는 과정에서는 설득력을 제공하며 대부 역할을 했었는데 말이다.

독일에서 '사회정책'이라는 학문적 전통이 경제학의 주류적 시대정신으로 부상하게 된 것은, 단지 진정한 사회정책이 무엇인가에 대한 논의에 그치는 것이 아니라 사회정책 시행에서 경제사상적 기초로 작동했다. 이는 역사주의 경제학의 패러다임 속에서 최소한 독일에서는 국가가 다시 많은 역할을 해야 한다는 것을 인정하는 사상이었다.

이렇게 자유주의 경제학적 전통이 우위인 시대는 지나갔다.

1893년 5월 5일 미국 증권시장 붕괴를 그린 프랭크 레슬리Frank Leslie의 신문 삽화

자료: https://commons.wikimedia.org.

경제위기의 역사: 위기는 자본주의 경제의 숙명인가

일련의 제반 대책, 즉 1873년 이후에 국가가 개입해서 내놓은 정책들은 이런 시대정신을 반영한 것이다. 새로 개정된 주식법과 1884년의 채권자 보호 강화는 당근과 채찍의 잡탕 같은 것이라고 할 수 있었다. 이에 따라 1878년과 1887년 사이에 사회주의자법이 제정되고 국가 사회보험도 도입되었다.

독일 제국이 막을 내렸다. 영국과 네덜란드를 제외한 다른 모든 나라에서도 왕정은 끝났다. 그리고 조건 없는 자유무역의 시대도 끝났다. 1870년대 말부터 국제 비교로 보자면 철, 철강, 석탄, 직물, 곡물에 대한 관세가 올라갔다. 일반적으로 관세를 연장하고 나면 뒤에 국내에서 크나큰 분쟁이 발생하게 된다. 국가가 수출산업의 이해도 고려해야 했기 때문이었다. 국가의 개입이 요구된 항목은 국내시장 보호와 사회적 위험에서 국민을 지켜주는 것과 투기적인 상거래를 제재하는 것이었다. 이런 국가의 사명이 성공적으로 수행되려면 먼저 사회구성원 각각의 이해를 종합해야 했다. '대공황' 시기는 거대 이해관계자 집단 다수가 탄생하는 시간이었다. 이렇게 이해관계자 집단이 생기면 기업에게 분명한 것은 국가의 개입 여지가 적게 된다는 것이다. 이렇게 해서 기업들은 자신들의 힘으로 가장 높은 수준에서 가격의 안정이라도 최소한 이루려는 목적을 가지고 이를 추진했다.

카르텔*이 그 시대의 사람들이 주장하듯이 '비상 상황의 산

---

* 카르텔은 시장통제를 목적으로 동일 산문 부문의 기업들을 결합하는 기업
연합을 말한다. 1870년대 이래 유럽에서 기업 간 경쟁이 치열해지자 생겨

물'인지에 대해서는 뒤에서 살펴보기로 하자. 이런 기업 집단화를 추진하는 것은 어쨌든 간과할 수 없었고, 무엇보다 이러한 시도는 성공률이 낮았다. 1895년 오랜 추진 과정을 거치고 결성된 '라인 베스트팰리세 콜렌신디아트Rheinisch-Westfaelische Kohlensyndikat'는 결국에는 모든 루르 지방의 광산을 총괄했고, 가격 변동을 없게 했다. 다른 카르텔 중 어느 곳도 이렇게 강력한 입지를 가지지 못했다. 대부분 카르텔은 내부 갈등과 높은 외부자 비율로 작동 여력에 제한이 있었고, 여기저기가 다 불안정했다. 이렇게 산업 부문의 기업들이 시장에서 협상을 통해 가격하락의 위험에서 벗어나는 것을 모색하는 동안 대형 은행들은 경제위기의 위험을 고려하여 투기적인 사업을 정리하고 특정 산업 부문 기업과 지속적인 거래 관계를 만드는 것에 주력했다.

유니버설 방크* 형식의 은행, 무엇보다 산업 부문 대기업의 '전담은행Hausbank'들이 은행의 투기적 사업 방식이 은행의 존재 자체를 위협했던 건국 경제위기의 결과로 생겼다. 당시 독일 인구 대부분은 주식자본주의에 대한 거부를 분명하게 표현했다. 그러나 이러한 반대도 일정 부분 주식자본주의를 반대하는 선전에 선동된 것이기도 했다. 반유대주의적인 선동도 증가했다. 이는 1873

난 기업 간의 협정이다. 경제의 비효율이나 경제성장에 제약이 된다는 비판이 일어나면서 국가마다 다양한 형태의 카르텔 금지법이 제정되고 있다.
* 유니버설 방크universalbank는 종합은행, 보편은행으로서 상업은행, 투자은행, 보험업과 금융서비스 등 여러 형태의 은행영업을 같이 하는 겸업 은행을 말한다.

년 발생한 거대한 손실에 대한 희생양으로 무엇보다 먼저 '유대인 주식투자자'를 내세웠어야 했기 때문이다.

⊃ 제1차 세계대전 이전 수십 년간의 경제

1890년대에는 독일뿐만 아니라 전 세계적으로 경기의 흐름에 변화가 왔다. 슘페터식으로 말하자면, 1870년대 초와 1890년대 중반 사이의 기간은 장기파동의 하강기라고 할 수 있었다. 그렇다면 그다음 기간에는 장기적인 경기상승기가 올 수 있는 것이다. 사실 1895년에서 1913년까지의 시기에도 경기순환이 확실히 있었지만 그런데도 경제적으로는 성공적인 시기였다. 이 18년 동안 독일에는 단지 5년의 경기하강기가 있었을 뿐이고, 성장은 점차 가속화되었으며, 가격상승으로 인해 기업의 이윤도 증가했다.

많은 경영인이 외부 자본으로 사업을 확장하는 것이 위기와 불황이 발생한 배경이란 것을 알았기 때문에 이에 대해 부정적이었고, 경기상승을 스스로 얻은 이윤에서 자금을 조달하여 이끌어 갔다. 그러다가 세기가 바뀐 뒤에야 외부 자본비율을 증가하였다. 따라서 채권과 주식의 거품은 없었다. 주가는 1910년 처음으로 1873년의 수준으로 돌아왔다. 1895년에 시작된 성장순환은 전력 산업과 화학 산업 분야의 기본 혁신이 결정적으로 작용해서 돌아갔다. 1901/1902년과 1907/1908년에는 무엇보다 중공업 부문의 과잉생산으로 비롯된 정체기가 빠르게 극복되었다. 1907/1908년의 경기하락은 결국 뒤이은 상승을 가져왔고 이런 상승세가 제1차 세계대전 발발 이전까지 지속되었다. 1913/1914년에는 경기가 정체되었다는 징후가 분명히 알 수 있을 만큼 확실하게 나타났다. 제1차 세계대전의 발발은 대대적인 경기침체로 가는 것을 막았다.

당시의 경기상승은 세계적인 현상이었다. 이 상승기에서 경제는 1890년대부터 '대공황'의 물가하락 상황을 해결했고, 이윤도 창출했다. 캐나다 클론다이크강 유역과 남아프리카에서의 금 채굴은 1890년대 중엽부터 물가하락 상태를 더 완화시켰고, 1900년 미국에서 금본위제도 도입을 가능하게 했다. 이와 함께 당시에는 돈과 물건의 국제적 교환을 위한 안정적인 통화 질서가 세계경제 중심국 사이에 있게 되었다. 그러나 금본위제로 인해 최소한 이론적이라도 통화량은 각각의 중앙은행 금 보유량에 묶이게 되므로 금본위제의 작동이 점차 엄격해졌다. 그러나 금본위제도*는 현실에서는 유연하게 처리되었고, 유동성의 문제가 있는 중앙은행들이 위기를 맞을 때는 영국은행이 도왔다. '지로겔트(거래장부상)'의 화폐 시스템(독일 제국, 1907년)의 도입은 금본위제도의 엄격한 적용 결과를 확실하게 완화했다.

1914년 직전 독일과 미국은 가장 역동적인 경기를 보였다. 독일에서 투기적인 과열이 일어나지 않았을 때, 미국에서도 거품의 생성과 붕괴가 반복되었다. 그러나 건실했던 세계경기 덕분에

---

* 금본위제도Goldstandard는 금이 세계 화폐의 중심이 되는 체제를 말한다. 제1차 세계대전 이전까지 영국을 중심으로 작동한 통화제도로 모든 국가의 통화를 일정량의 금에 고정하는 제도이다.

1857년이나 1873년 같은 대대적인 경제위기를 맞지 않았다. 미국의 금융위기들은 어쨌든 불안하게 했다. 1907년에 있었던 미국 금융시장의 거품 붕괴는 결국 금융시장을 통제하려는 정치적 의지를 '최후의 대부자Lender of last resort'인 '국가은행National Bank'의 도입으로 실현시켰다. 이에 따라 1913년 연방 준비제도 시스템이 만들어졌다. 이런 은행시스템을 통해 새롭게 위협이 되는 투기의 독니가 제거되었다.

1850년과 1914년 사이는 전체적으로 경기확장기였다. 1870년대 초와 1890년대 중반 사이에 경제성장이 더뎌졌고, 물가하락의 상황이 전개되어 무엇보다 사회적 분위기가 좋지 않았을 때도 있었다. 즉자적 경제위기, 즉 위기 '그 자체'는 대단한 규칙성을 가지고 등장했으나, 무엇보다 1857년 글로벌 경제위기와 1873년 이후 건국 경제위기는 대자적 경제위기, '무엇에 대한 경제위기Für sich'였다. 당시 동시대인에게 경제위기로 각인되었다.

그 이후로 경제위기는 순화되었고, 장기 순환의 상승기 내에서는 더는 위협적으로 받아들여지지도 않았다. 경제이론도 이를 확인해주었다. 이에 순응하여 국가도 오늘날 같은 경제정책을 펴지 않았다. 외환정책, 무역정책, 금융정책, 사회정책은 중요하게 받아들였지만, 경기에 대한 정책에 대해서는 고려하지 않았다. 사람들이 경기대응정책이 무엇인지도 몰랐을 수도 있었다. 이러한 태도는 다가오는 다음 10년 동안 완전히 바뀌게 된다.

6

세계대전 속의
경제위기와 파국

※

　제1차 세계대전은 1890년대부터 지속되던 세계경제의 호황기를 끝냈다. 종전 후에는 다시 경기순환이 돌아왔다. 이 경기순환은 파괴된 세계경제 관계망과 전쟁이 가져온 경제적·사회적 결과 때문에 더 뚜렷하게 나타났다. 조금 전까지 급격하게 팽창하던 경기가 바로 심각한 경제위기로 바뀐 것이다. 경제위기는 경기의 최저점에서 글로벌 경제위기로 발전했는데, 세계의 여타 지역에서는 이 경제위기를 제2차 세계대전 발발 이전까지 해결하지 못했다. 1945년 이후에야 처음으로 경제의 장기적인 발전 경향을 제1차 세계대전 이전 시대와 관련지을 수 있게 되었다. 양차 세계대전 사이 시기의 경기변동은 최근 경제위기의 역사에서 특별한 국면으로 기록되어 있다. 얼마나 이러한 경험들을 일반화시킬 수 있을지는 의문이다.

⊃ 세계대전, 엄청난 물가상승과 그 결과

　　제1차 세계대전 결과, 실질적 교역 관세 및 이에 따른 국제적
노동 분업, 세계 통화질서, 금본위제도의 유지가 어려워졌다. 이
전까지 비교적 잘 작동했던 국제통화시스템은 파괴되었다. 상대
적으로 자유로운 세계무역시스템이 작동하던 1914년 이전으로 돌
아가는 것이 불가능하다는 것은 전쟁이 발발할 때부터 이미 분명
해져 있었다. 전쟁 당사국이 전쟁이 끝나면 세계 경제구조를 자신
들에게 유리하게 새로 만들 것은 의심의 여지가 없었기 때문이다.
손해배상 문제나 국가 간 전쟁채무 문제가 해결되었다고 해도, 전
쟁이 미친 경제적이고 금융적인 결과로 1918년 이후 국제무역과
국제통화시스템을 전쟁 전으로 돌려놓은 것은 사실상 불가능했
다. 1918년 이후 세계경제에는 어느 정도 정치적 의도로 만들어진
장벽이 국제적 노동 분업을 가로막고 있었다.

　　전쟁은 그 외에도 구조적으로 많은 짐을 남겼다. 직접 전쟁에
참여하지 않은 수많은 국가가 전쟁 중에 수입 대체물품 생산 및 산
업화 과정을 시작했다. 전쟁을 치르던 국가에서 수입되던 공산품
수입이 중지되자 이들은 공장을 직접 세워 생산하며 수입을 대체
했다. 다른 나라보다 먼저 미국, 아르헨티나, 오스트레일리아 같
은 나라가 유럽에 식료품을 수출하려고 1914년 이후 농산물 생산
량을 늘렸다. 그 자체는 좋은 의도였지만, 이는 큰 경제적 반향을
일으켰다. 전쟁 전처럼 유럽이 세계경제의 중심이라는 기조가 더
는 무조건적으로 성립되지 않게 되었다.

전쟁의 결과, 결국에는 유럽의 대국들에서는 국내경제적 문제가 확실히 증가하게 되었다. 1914년 이전에는 국가의 '정부지출비율'*이 대략적으로 보아 상대적으로 낮았다. 전쟁 중에는 국민총생산 중에 점점 더 많은 부분을 전쟁 수행을 위해 써야 했다. 이 정부지출비율이 전쟁 후에는 떨어졌는데, 그렇더라도 전쟁 전의 경제자유주의의 시대로 돌아가는 것은 불가능했다. 전쟁이 남긴 사회적 결과를 해결해야 했기 때문이었다.

1914년 이전 강대국들의 경제정책과 환율정책은 세계경제의 안정화와 세계 통화시스템의 안정화에 맞추어 있었다. 그러나 1918년 이후에는, 물론 정책의 결과는 알 수도 없었지만 이런 안정화보다 각국의 국내 정치적 요구에 매우 많은 정책적 배려를 해야 했다.

베르사유 조약으로 패전국을 일시적으로 정치·경제적 차별을 했거나 국가의 힘을 약화시켰으며, 전쟁 비용을 손해배상의 이름으로 요구했다. 이는 적어도 케인스가 주장한 것처럼 국제적 노동 분업이 작동하는 세계로 돌아가는 것을 막았다. 패전국 독일과 다른 패전국의 국민들은 베르사유 조약을 파국으로 보았다. 이 조

---

* 정부지출비율Staatsquote은 국내총생산에 대해 정부지출의 비율을 말한다. 이는 미국의 통화주의 경제학자 밀턴 프리드먼 교수에 의해 만들어진 지표로 프리드먼 비율로도 말해진다. 이후 이 비율이 높으면 큰 정부, 낮으면 작은 정부라고 칭해졌다. 프리드먼은 이 비율과 경제성장률 사이에 음의 상관관계가 있다고 주장하고, 경제성장을 위해서는 작은 정부가 필요하다고 했지만, 이 점은 아직 충분한 실증적 검토가 되지 않았다.

약에 따라 패전국은 지급 의무를 지게 되었으나 세계경제의 노동분업이 파괴되면서 이 돈을 갚을 수 없었기 때문이다. 승전국의 상황도 더 좋아지지 않았다. 프랑스 북동쪽의 많은 지역과 벨기에가 파괴되었다. 이 전쟁은 영국, 프랑스. 이탈리아, 러시아, 그리고 일부는 미국과 영국의 신용으로 전쟁자금을 조달했는데, 다른 국가들은 지급유예를 얻지 못했으나 영국은 받았다. 러시아는 부채에 대한 지급을 혁명 후에 더는 할 수 없었고, 따라서 독일이 지급해야 한다고 했다. 물자적인 면에서는 미국이 전쟁의 최대 승자였다. 그에 따라 세계경제에서 비율이 1913/1926~1929년에 각각 35.8%/42.2% 증가할 때 독일은 14.3%/11.6%, 영국은 14.1%/9.4%로 감소했다. 전쟁과 함께 독일처럼 가졌던 외국자산을 잃어버렸거나, 전쟁의 자금을 조달하기 위해 사용한 것이다.

이에 따라 기존의 채권국과 채무국 관계가 근본적으로 뒤바뀌었다. 유럽은 전통적으로 전 세계의 채권국이었는데 전쟁 후에는 주요 채무국이 되었고, 미국은 그런 역할이 자신들에게 잘 맞는지 알아보지도 않은 채 주요 채권국이 되었다. 세계경제를 조정하는 지위는 1914년 이전에는 영국과 영국은행이 가지고 있었는데, 1918년 이후에는 이 자리가 공석이 된 것이다.

양차 세계대전 사이 기간에 생긴 경제위기 현상은 이러한 역학관계가 결정적으로 좌우했다. 무엇보다도 먼저 전쟁과 전쟁 수행이 가져온 직접적인 경제적 결과가 결정적인 역할을 했다. 1914년 전쟁 발발로 금 태환* 의무가 유럽 전역에서 없어졌다. 국내경제와 금융정책이 그간 강제된 금본위제도에서 해방되었다. 세계

전쟁의 실상으로 인해 이러한 상황과 다르게 되는 것이 불가능했다. 이 전쟁은 서구에서 처음 경험한 엄청난 규모로 자본이 파괴되었기에 전쟁은 경제와 금융에 큰 부담을 주었다.

그래서 다음과 같은 상황이 전개되는 것을 참전국 중 어느 나라도 멈출 수 없었다. 전쟁 발발로 인해 생산이 감소하고 단기 일자리가 증가하며 실업이 증가하자, 전쟁 준비가 효율적으로 되지 않았다. 무역장벽과 수출금지령은 경제를 더욱 압박했는데, 1914년 가을부터 군수산업 부문을 확장하면서 이 상황을 개선해나갔다. 일상 상품 생산을 군수품 생산으로 바꾸기 위해서는 비용이 들었으나, 그런 돈을 국가가 가지고 있지 않았다. 전쟁 비용 중 일부분만을 세금으로 충당했고, 대부분은 국가 채무를 늘려서 조달해야 했다. 이런 상황은 물가상승에 영향을 미칠 수밖에 없다. 정부지출비율은 어쨌든 급격하게 올라갔다. 이 비율이 영국에서는 1914년 10%에서 1917년 40%로, 프랑스는 50%, 독일은 60%로 올라갔다. 이 돈이 활황이던 군수산업으로 들어가게 되었다.

전쟁 후반기에는 물가상승이 가속되었다. 무엇보다 통화량 증대, 민간 물자 공급의 부족은 특히 독일에서 사회적인 갈등을 조장했는데, 경제가 무역장벽과 식량 부족 상황에 부딪혔기 때문이었다. 국가는 이를 조정할 대책이라면서 정책을 내놓았지만 이런 대책은 돈을 가지고 있어야만 작동되는 것이었다. 물자 부족과 암

---

* 태환은 교환과 같은 뜻인데, 태환 통화는 금으로 바꿀 가능성을 보장받은 통화를 말한다. 오늘날 통화는 불태환 통화이다.

시장 거래는 전쟁 후반기 독일인의 일상이 되었다. 1918년 유럽의 여러 국가들이 국가 부도 위험 속에 있었다. 러시아, 독일, 오스트리아가 첫 번째로 파산했다. 영국, 프랑스, 이탈리아에서도 사회적 갈등이 비정상적으로 커졌다.

전쟁이 끝나자 먼저 '전환위기'가 왔다. 이는 군수품 거래에 대한 계약이 줄어들거나 완전히 없어졌고, 민간 재화의 생산으로 전환하면서 발생했다. 전후 재건을 위해 필요한 물품에 대한 대규모 수요로 유럽 전역에서 경제위기는 단지 짧게 왔고, 그보다는 급히 나타났으나, 무엇보다도 길게 지속하지 않았던 전후 경기회복이 있었다.

1920년에 이런 전후 호경기가 끝나고 심각한 글로벌 경제위기가 시작되었다. 확실히 이 위기는 전쟁 전 경기순환이 보여준 규칙성을 재현했다. 전쟁 전의 마지막 위기는 1913년에 있었다. 물가하락을 유도하는 억제적 금융정책으로 전쟁 전의 달러에 해당하는 금본위제로 돌아가는 시도가 경제위기의 직접적인 발단이었다. 미국은 전후에 바로 금본위제도로 돌아갈 수 있는 유일한 나라였다. 영국에서는 이런 문제에 대한 정치적 갑론을박이 있었는데 결국 투표를 통해 금본위제도로 결정되었고, 전쟁 전의 환율제도는 종말을 고했다. 이는 인플레이션*을 유발하는 통화량을

---

* 물가상승, 인플레이션Inflation은 대체로 통화량 증가로 인해 발생하는 물가의 상승이나 화폐가치의 하락을 말한다. 인플레이션은 원래 팽창을 뜻하며, 소를 팔기 전에 물을 먹여 소를 부풀게 한 것을 묘사한 것이다. 물가하

줄일 것을 요구했다.

1914년 전과 달리 이
런 억제적 금융정책은 국
내에서 정치적 갈등을 만
들었다. 영국 정부는 그
럼에도 강력하게 이 노선
을 견지했고, 이런 태도
로 인해 무엇보다 상거래

A CHILD FOR SALE
On Account of High Cost of Living
AGE ....4 Years
PARENTAGE ....Legitimate
HEALTH ....Excellent
DISPOSITION ....Charming
For further information, date and terms
of sale, WATCH NEWSPAPERS.

1920년 경제위기의 실상을 보여주는 신문광고
자료: https://news.google.com/newspapers?id=
0RQrAAAAIBAJ&sjid=lZwFAAAAIBAJ&pg=5285,
4898654&dq=child-for-sale+.

의 분위기가 가라앉게 되었다. 이러한 상황은 영국에 국한된 것이
아니었다. 전쟁이 가져온 물가상승을 억제하려고 한 것이 전 세계
적으로 경기의 붕괴를 가져왔고, 결국 글로벌 경제위기로 확대되
었다.

무엇보다 먼저 이 노선에 참여하지 않은 프랑스와 독일이 먼
저 위기를 맞았다. 프랑스는 억제적 금융정책을 거부하고 복귀한
금본위제도 대신에 변동환율제를 받아들였던 것이다. 이를 통해
프랑화의 평가절하를 추진했다. 독일 제국은행은 은행 총재 루돌
프 하벤슈타인Rudolf Havenstein(1857~1923)의 지휘 아래 전쟁이 끝난
후에도 제국 정부의 전폭적인 지지를 배경으로 제국 정부의 재정
비용 조달을 위해 유동적일 수 있는 제국 부채를 높이는 정책을 선
택했다. 재정 상태를 건실하게 하거나 채권에 의존하여 제국 부채

락은 디플레이션Deflation으로 수축을 의미한다. 물가상승과 경기 정체가 동
시에 발생하면 스태그플레이션Stagflation이라고 한다.

1922년 독일 바이마르 공화국의 하이퍼 인플레이션

　　　　　경제위기의 역사: 위기는 자본주의 경제의 숙명인가

를 증가시키는 것과는 달리 직접 통화량을 높이는 정책을 추진한 것이다. 이런 정책 시행은 군대의 해체와 전환위기 극복에 결코 나쁘게 작용한 것은 아니었다. 거대한 사회적 갈등에 직면하여 공공지출을 사회적 자유를 지키기 위해 쓰는 것은 정치적으로 효과적인 방법이었다. 이렇게 국정을 운영하자 마르크화가 평가절하되었고 이는 일종의 경기 진흥책으로 작용했다. 수출은 굉장히 잘되었으나 수입은 어려워졌다. 마르크화의 가치가 국내에서보다 외국에서 더 떨어졌다. 이런 상황이 외국인들에게는 이익이 되었고, 이들은 마르크화를 더 많이 가지려고 했으며 이를 독일에서 지출하려고 했다. 마치 외환 딜러처럼 독일에서 통화가치의 시차를 이용하여 이익을 얻을 수 있었다.

1922년까지는 이런 정책 운영방식으로 독일은 거의 완전고용을 실현했다. 1922년 가을과 겨울이 되자 실업이 증가하기 시작했다. 물가가 점점 올라갔음에도 화폐개혁 이후 긴축 재정정책이 추진되면서 실업자가 증가하자, 1923년 9월에 노동시장이 붕괴했다. 독일의 1918/1919년 사회총생산은 전쟁 이전의 1/3에 미치지 못했고, 1922년까지 80% 이상으로 올라갔다가 다시 대략 73%로 내려갔다. 늦어도 1923년 초까지는 독일의 경제적 일상은 카오스였다. 그리고 1923년 가을, 결국 경제가 전면적으로 멈추어 서게 된 것이다.

1923년 10월에 급격한 화폐가치 하락이 먼저 발생했다. 마르크에서 렌텐마르크로 화폐개혁을 하면서 1조 지폐마르크가 1렌텐마르크로 교환되자 인플레이션을 잡을 수 있었다.* 새로운 통화를 보호해야 했기 때문에 시행된 긴축적 재정정책과 금융정책은 심각한 적응 위기를 가져왔다. 이것이 1924년의 경제 현상을 만들었다. 대량실업은 이제 독일에서는 일상사가 되었다. 긴축적 재정정책과 금융정책은 작동했고, 이로 인해 독일의 전후보상채무를 규정하는 도스 플랜*을 이행할 신용 능력을 다시 만들어냈다. 이것에 대해 제국은행은 장차 긴축적 금리정책으로 감시해야 했다. 1924년 8월 30일, 제국마르크화의 도입과 함께 인플레이션을 유발하는 요소가 독일에서는 없어지게 되었다.

1918년 이후 독일은 국내의 사회 문제에 초점을 맞춘 통화 및 금융 정책을 수행했고, 세계경제 문제는 모른 척했다. 이를 통해 거시경제적 집계변수의 크기는 제법 긴 기간 동안 최소한 그리 나쁘지 않았다. 이와 같은 상황에는 영국과 비교하면, 딜레마가 하나 있었는데 양차 세계대전 사이 기간에 국제 통화정책이 이 딜레마에 빠졌다.

금본위제도를 유지하기 위해 긴축적 재정정책과 금융정책이 요구되었으나, 전쟁 후 한층 고무된 민주주의적 사회관계로 인해

---

* 렌텐마르크Rentenmark는 독일 바이마르 공화국 시대에 통용된 지폐로, 제1차 세계대전 이후 발생한 초인플레이션을 막기 위해 1923년 렌텐방크가 발행한 은행권이다. 1조 마르크를 1렌텐마르크로 교환하는 화폐개혁으로 화폐가치의 안정을 찾았다. 이를 '렌텐마르크의 기적'이라고 불린다. 이후 1924년에 폐지되었다.

* 도스 플랜Dawes plan은 제1차 세계대전 이후 1924년 제시된 독일의 배상문제에 대한 계획안으로서, 배상문제 전문가위원회 위원장이던 찰스 도스의 이름을 따서 도스 플랜으로 불렸다.

이를 적용하기가 어려웠다. 이 문제를 제외하고도 이런 경제정책이 경제적으로도 늘 장점만 있는 것은 아니었다. 유럽 정치의 큰 부분을 차지하는 나라들, 특히 영국 정부와 영국은행은 금본위제도의 은혜 넘치는 역할에 대해 1914년 이전에 이미 설득되었으므로, 금본위제도의 유지가 가져오는 중대한 사회적 결과를 무릅쓰고도 제1차 세계대전 이후에 다시 금본위제도의 시행을 강행했다. 독일 또한 결국은 금본위제로 다시 돌아갔고, 금본위제의 논리에 복종하도록 강요당했다. 왜냐하면 독일은 단지 이런 방식으로만 1924년의 '도스 플랜'에 따라 전쟁배상비용 약 20만 제국 마르크를 지급할 수 있을 만큼 새로운 제국 마르크가 가지는 외부 가치를 안정시킬 수 있었기 때문이다. 따라서 이것 하나만으로도 분명히 물가상승에 대한 독일의 대응방식이 자기 한계에 도달한 것은 분명했다.

이는 베르사유 조약에 따라 독일이 갚아야 할 전쟁배상금을 지급하는 데에 문제를 만들었고, 문제를 심화시켰으며, 현물로 갚는 것을 쉽게 했다. 그러나 근본적으로 인플레이션에 성공하기 위해서는 비용이 많이 들었다. 물가상승으로 채무의 짐에서 벗어나게 된 수많은 기업은 돈을 더 빌렸다. 특히 기업은 이미 전쟁 중에 지었던 공장을 가치 보존을 위해 더욱 투자했다. 이에 따라 인플레이션 속에서 투자 증가가 나타났다. 그리고 이는 훗날 경제구조에 부담을 주게 된다. 특히, 전쟁 채권 구입자, 연금 수령자와 같이 돈의 소유자와 저축 보유자가 인플레이션의 피해를 입은 반면 국가, 기업, 농업경영인은 자기들의 부채에서 벗어났으며, 노동자들은 최소한 그들의 실질임금을 어느 정도 지킬 수 있었다. 결국에는 초인플레이션이 경제시스템을 마비시키는 사태가 벌어졌고, 가난하면서 사회적으로도 분열된 사회를 남겼다.

⊃ 황금빛 1920년대

인플레이션이 끝나고 나서 힘든 적응 위기의 시기를 지나자 독일은 느리게나마 다시 경기상승기를 맞게 되었다가, 1925/1926년에 벌써 다시 짧은 경제위기를 경험했다. 그러고 나자 1927년과 1928년에는 경제 상황이 느리게나마 조금씩 나아졌다. 실업률은 전쟁 전과 비교하여 거의 10%에 이르렀는데, 이는 지속적이고 높은 수준이었다. 기업의 수입 상황이 좋지 않았으므로 투자율은 저조했다. 투자 중 일부는 오직 외국자본의 도입으로만 조달되는 것이었는데, 이런 투자는 단기 투자였지만 기간이 더 연장되는 경우도 드물지 않았다. 이런 사정으로 만약 외국인 투자자가 자신들의 자본을 유출하면 다시 경기가 폭락할 잠재적인 가능성이 존재했다.

바이마르 공화국 시대*에 투자가 저조했다는 사실은, 물론 경제 이익 단체는 그렇게 주장하기는 하지만, 낮은 매출액과 자금

---

* 바이마르 공화국은 제1차 세계대전을 지나 1918년 독일 혁명이 일어난 후 1919년에 건립되었다가, 나치 정권 수립으로 1933년 몰락했다. 독일 바이마르에서 헌법이 채택되었기 때문에 바이마르 공화국이라고 한다.

조달의 어려움의 문제 때문만은 아니었다. 독일의 산업 부문은 국내시장의 구매력이 미약했음에도 과잉 설비 상황에 있었다. 기업들은 이런 문제를 자신의 생산 비용 구조를 목적에 맞게 개선하여 해결하려고 시도했고, 자기 운신의 폭을 넓히기 위해 저임금과 생산과정의 합리화를 경영의 수단으로 삼았다. 개별 기업에서 이런 선택은 합리적인 것이지만, 전체 경제가 이런 합리화 전략을 펴면 생산가능량만 높이는 것이었다. 이런 연유로 바이마르 공화국의 경제는 딜레마에 빠졌다. 너무 과잉된 생산 능력, 상대적으로 너무 높은 임금Knut Borchardt, 어려워진 국제시장 진입이라는 상황에 빠진 동시에·자본의 부족 현상도 쌓여갔다. 출구가 보이지 않았다.

이런 딜레마는 독일 혼자만의 특별한 상황이 아니었다. 독일의 문제는 세계경제의 구조적인 배척으로 인해 더욱 첨예화된 것 뿐이었다. 전쟁 기간의 투자와 수입대체 산업화는 산업 생산성을 전 세계적으로 증가시켰다. 이런 생산성 향상에 따라 시장에는 디플레이션 압력이 가해졌다. 다른 참전국들도 확실히 생산능력을 많이 증가시켰기 때문이었다. 철과 강철 산업의 생산능력이 전쟁 전과 비교하여 1/3이 더 늘었다. 운송 장비와 항공 산업 또한 높은 성장률을 보였다.

특별히 과잉생산 문제에 부딪힌 부문은 이미 언급한 것처럼 농업 부문이었다. 1918년 이후 러시아의 물자 공급이 끊어지자 전쟁 후에 바로 농업위기가 발발하는 것을 막을 수 있었다. 그러나 세계적인 과잉생산 능력은 곧 구조적 어려움을 야기했고 물가 하락을 유도했다. 산업부문의 과잉설비와 농업 부문의 과잉생산은 국제무역과 국제무역 정책에 큰 부담이 되었고, 여기에 전쟁보상금, 전쟁채무, 국제통화 질서의 문제가 더해졌다. 그에 더해 베르사유 시스템이 서로 적대시하거나 서로 경쟁하는 많은 새로운 국가를 만들었다. 옛날의 적들에게 복수하거나 발전을 방해하려고 했었기 때문에, 1920년대 중반에 국제적인 노동 분업을 작동시킬 수 있는 상황이 아니었다.

이런 상황을 타개하기 위해 국제무역과 세계경제 컨퍼런스가 여러 차례 열렸다. 거기에서 국제통화제도 또는 금본위제도의 재도입과 그 작동 방식이 주요 쟁점이 되었다. 금본위제도로의 복귀가 실행되었고, 환율 제도를 바로 세우는 어려움에도 불구하고 법은 공포되었으며, 금본위제만이 번영하는 세계경제적인 노동 분업의 보증이 될 수 있었다. 그리하여 1920년대 중엽에 많은 국가가 금본위제도로 돌아왔다.

글로벌 경제위기가 발생하기 얼마 전까지도 금본위제도는 국제통화시스템으로 재정립되어 실행되었다. 전쟁 전과는 다르게 영국은행은 금본위제도의 작동 방식에 취약했다. 따라서 유동성 문제가 있는 나라에 대해서 단기적으로 유동성에 도움을 주었던 조정자 기능이 양차 세계대전 사이에는 없었다. 영국은행은 거기에 부합한 금융적 조건을 갖추지 못했기 때문에 이런 기능을 더는 할 수 없었고, 미국은 이 역할을 하려고 하지 않았다. 이러는 동안 프랑스는 국제 통화제도 속에서 자신의 강한 입지를 정치적 목적을 위해 이용하려고 했다. 금본위제로 인해 통화량이 조달할 수 있는 금 보유량에 묶이기 때문에 금 유출은 억제적 금융정책과 이자율 정책을 강요했다. 이런 정책은 제1차 세계대전 전에는 보기에 큰 어려움 없이 가능했었는데, 전쟁 후에는 국내 정치에는 크나큰 갈등을 가져왔다.

이런 상황은 특히 영국 정부의 경우에서 찾아볼 수 있다. 영국 정부는 여러 차례 크게 파운드화의 가치를 올렸고, 이에 따라 어렵게 된 국내 경기에 개입해야 했다. 또한 독일의 통화 정책적 주권은 이미 확인된 것처럼 느슨한 통화정책과 금리정책을 썼을 경우 자본 유입국으로의 매력이 떨어진다는 점을 고려하지 않는다고 하더라도 독일은 전쟁보상 지급 의미 때문에 제한되었다.

당시 회자되던 비판처럼 미국은 연합국 사이의 전쟁 채무를 해결하는 것과 같은 더 많은 책임을 질 준비가 되어 있지 않았으며, 확실하게 자신들의 국내 경제와 국내 입장에서 행동했기 때문에, 금본위제도와 함께 경제적으로 스스로 봉쇄조치를 취했고, 세계적 과잉설비의 부정적인 결과를 더 심화시킨 디플레이션 상황을 용이하게 했다.

양차 세계대전 사이 시대의 디플레이션 현상을 금본위제도 하나에만 원인이 있다고 하는 것이 과연 옳은가에 대해서는 논란이 많다. 산업 부문이나 농업 부문 및 정치적으로 방해를 받고 있던 세계무역 부문에서 과잉설비는 그 자체만으로도 물가에 대한 거대한 압력으로 작용했었다. 그런데도 미국에서 1920년대 중엽부터 결국 투기가 견인하는 상승기가 왔다. 그리고 이 상승기는 흔히 말하는 '황금빛 1920년대'의 배경이 되었다.

이렇게 투기로 과열된 경기상승기는 1927년과 1928년 유럽의 여러 국가에서 나타났다. 이것이 뉴욕 주식시장에서 강한 주가 상승세로 연결되었고, 투기 열기가 거품을 만들었다는 모든 징후가 나타났다. 그런데도 미국에서 유럽으로의 자본수출이 계속되었기에 미국의 경상수지는 더욱 나빠졌다. 그래서 1928년 미국의 연방준비제도 이사회는 금리를 인상했다. 이 조치로 인해 유럽으로의 자본유출이 더는 계속되지 않게 되었고, 영국과 독일의 경상수지가 악화되었다. 이것은 미국에서의 투기를 촉진했는데 이는 미국 자본 전체가 월스트리트를 배회하며 투자처를 찾아야 했기 때문이다.

유럽의 경상수지 위기는 다시 한 번 막을 수 있었으나 미국에서는 투기가 최고점에 달했다. 1929년 가을 거품이 터졌을 때 오늘날까지도 가장 힘든 글로벌 경제위기로 생각되는 위기가 왔다. 경기하강기로부터 투기 거품 파열, 경기 후퇴, 국제 통화제도와 금융시스템의 위기, 구조적인 약점 및 점점 더 증가하는 보호주의적 경제정책과 무역정책의 결합을 통해 결국은 경제·사회적인 파국이 생겼다. 이 파국이 없었다면 독일에서 나치가 등극하는 것은 불가능했을 것이다.

⊃ 글로벌 경제위기

글로벌 경제위기는 나라마다 조금 다르지만 대략 1928년과 1930년 사이에 발발했는데, 위기의 지속 기간 면에서 기존의 경제위기와는 전적으로 달랐다. 이 경제위기를 세계경제는 부분적으로는 제2차 세계대전 시기까지도 채 극복하지 못했다. 이 위기의 핵심지는 미국이었고, 다음으로는 독일이었다. 독일이 특별히 심하게 이 위기를 겪는 동안 프랑스, 네덜란드 같은 나라들은 경제위기를 약하게 겪었다. 또한 영국도 독일같이 극적으로는 경제위기를 맞지 않았다. 영국에서 1920년대에 경기상승기가 없었다는 것이 극적인 하락이 없는 무엇보다 중요한 이유일 수도 있다.

경제위기의 핵심 시기인 1929년에서 1932년 사이에 미국과 독일의 국민소득이 1/4 이상 줄었고, 산업 생산은 2/5 정도가 줄었는데 산업 부문 사이에 편차가 심했다. 사용재 산업과 소비재 산업에는 타격이 적었지만, 특히 심하게 타격을 입은 부문은 중공업 부문과 투자재 산업 부문이었다.

이 경제위기의 중심에는 의심할 바 없이 농업 부문이 있었다. 농업은 종전 이후로 이미 매출과 가격하락 문제로 어려움을 겪던 부문이었다. 미국의 농업위기는, 독일 동부 지역의 농업 부문은 물론 독일 전역에 대한 금융 원조와 연관되어 있었는데, 이는 미국 정치 시스템에 직접적인 부담이 되었다. 미국과 독일의 실업률은 특히 높았다. 독일에는 1932년에 공식적인 실업자가 600만에 달했다. 여기에 단기 노동이나 숨은 실업자들을 합하면 인구의 절반이 직접적이든 간접적이든 실업자가 되거나 사회적인 하층민으로 떨어지는 경험을 했다고 말할 수 있다. 한스 로젠베르크Hans Rosenberg가 말한 '집단적 경제위기 노이로제'가 널리 퍼졌고, 이로 인해 인구 중 일부가 급진화되었다.

1932년 여름 독일은 경기가 바닥을 쳤고, 미국도 '바닥 다지기'를 하는 중이라고 알려졌다. 그러나 미국이 글로벌 경제위기를 극복하는 데는 전쟁까지의 시간이 더 걸렸다. 독일에서는 나치의 군수경제 덕분에 경기 회복이 더 빨랐다. 이에 독일에서는 1936년 완전고용이 달성되었고, 생산이 전쟁 전의 수준을 넘어섰다. 유럽의 다른 국가들은 1930년 중반까지 글로벌 경제위기를 극복했지만 확실한 경기 상승을 느낄 수는 없었다. 경제성장은 이들 지역에서도 모든 것을 변화시키는 전쟁까지 멈추었다.

글로벌 경제위기의 발발은 일반적으로 뉴욕 증권시장의 극적인 주가 하락이 있고, 암흑의 목요일(유럽에서는 금요일)이라는 1929년 10월 24일과 연관된다고 알려져 있다. 독일에서는 경기가 어쨌든 이미 선행해서 움직여갔는데, 독일의 몇몇 경기지표를 통해 1929년 초에 경기가 전환점에 도달한 것이 확인되었다. 미국 증시 붕괴의 영향은 어느 정도 이와 비슷하게 독일에서도 확인된다.

사람들은 어쨌든 1930년에 벌써 가장 어려운 시기는 극복했다고 생각했고, 전 세계 관찰자들 대다수는 1930년에 위기가 얼마 되지 않는 시간 내에 극복된다고 했다. 정부가 긴축적 금융 및 재정정책을 더욱 첨예화하여 글로벌 경제위기 발발에 대처한 것이 그래서 당시로는 적절해 보이기도 했다.

오스트리아 신용기관의 도산과 함께 1931년 글로벌 경제위기의 두 번째 국면이 시작되었다. 이로 인해 세계 경제시스템의 붕괴가 심화되었고, 결국 금본위제도의 폐기와 각국의 보호주의로의 경쟁으로 결말이 났다. 오스트리아의 은행위기로 오스트리아와 독일에서 자본유출이 가속되었다. 이에 따라 이들 나라의 경상수지가 급격하게 나빠졌다. 독일과 오스트리아가 관세 협정을 체결하자 프랑스는 이를 베르사유 조약의 파기로 해석하고, 만약 독일이 이를 폐기하지 않으면 결국 도움을 주지 않는다고 하자, 국외 자본 유출이 더욱 가속화되었다. 이에 대한 안전 대응책이 시행되었지만 그것으로 1931년 여름 독일의 금융 및 은행 시스템 전반의 동반 몰락을 막을 수는 없었다. 북부 독일 모직공장Norsdeutsche Wollkämmerei & Kammgarnspinnerei과 델멘호르스터와 브레머 직물회사 Delmenhorster und Bremer Textilfirma의 파산으로 다름쉬테터·나치오날방크Darmstädter und Nationalbank가 지급불능 상태에 빠지면서 뱅크런Bank-Run이 발생했다. 은행은 영업 중지를 통해서만 이 사태를 제어할 수 있었다.

지급 능력이 없으며 자기자본으로부터 실제적으로는 '자유로워진' 독일 대형은행은 전혀 상부상조를 하지 않았고, 부분적 또는 전체적으로 국유화되거나 일부는 강제 합병되었다. 또한 독일 제국은 그 이상의 금과 외환의 유출을 막기 위해 '외환제한경제'로 이행하게 되었다. 그것은 금본위제도의 폐지와 금본위제와 연관된 고금리 정책의 전쟁보상금 시스템에서 벗어나기 위한 조치였다. 중부 유럽 금융시장의 붕괴는 파운드스털링과 런던의 금융시장을 힘들게 했다. 이런 상황은 점점 더 심각해졌고, 파운드의 금교환비율을 달러에 대해서 지키는 것이 점점 더 어려워졌다.

국제 무역시스템은 벌써 1930년에 미국의 보호무역적 조약인 '스무트 홀레이 조약*'으로 크게 충격을 받게 되었다. 그 결과로 많은 국가가 그들의 관세 장벽을 높였다. 1931년 여름이 되자 문제가 더 심각해졌다. 영국이 그해 9월에 금본위제도를 포기하고 파운드화를 평가절하시켰고, 그 외에도 영국 경제 보호를 위한 여러 대책을 세운 것이다. 이와 함께 세계 경제시스템은 붕괴했다. 그래도 몇몇 나라는 프랑스의 영향력 아래 금본위제도를 지켰다. 이미 1930년부터 수축하기 시작한 국제무역은 다시 한 번 강하게 위축했다.

당시의 세계경제는 세 개의 화폐 영역으로 나누어졌다. 여기에 중국 같은 은본위제도 나라까지 치면 네 개의 영역이었다. 프랑스, 네덜란드, 벨기에, 미국 같은 나라는 금 블록의 영역이다. 그러나 이 영역은 해체될 것 같은 성향을 보였는데, 미국이 1932년에 이미 국내정치적 역학관계로 압박을 받고 있었기 때문이다. 또다른 영역은 금 블록 가까이에서 작동하고 있는 스털링 블록이다. 이는 대영 제국을 중심으로 작동했다. 그리고 마지막으로는 무엇보다 중부와 동부 유럽에 외환제한경제 블록이 있었다. 이처럼 통화제도가 분열되면서 세계경제는 파국 앞에 서 있었다.

각각의 국가들은 지금까지 원칙으로 지키던 금본위제도의 유지와 보증에 입각한 자유주의 경제정책에서 빠져나왔다. 배리 아

---

* 스무트 홀레이 조약Smoot-Hawley-Tariff은 1930년 미국이 제정한 무역법으로 관세율을 미국 사상 최고로 인상하였는데, 이는 농산물의 관세 인상이 목적이었으나, 수입품 전반에 확대되면서 2만여 가지 품목에 평균관세율(종가세)이 52.8%로 되었다.

경제위기의 역사: 위기는 자본주의 경제의 숙명인가

이헨그린Barry Eichengreen과 피터 테민Peter Temin이 정당하게 주장한 것처럼, 금본위제도의 논리는 1930년대 초반까지 경제사상을 지배했고 국제 무역에 영향을 주었다. 그러나 금본위제도를 유지하기 위해서는 금융 부문을 원칙에 따라 관리해야 하고 물가상승률이 낮아야 하며, 기본적으로 비판자들이 말하듯이 최소한 물가하락 정책이 요구된다는 것이다.

경제위기 시기의 많은 국가와 그중 특히 독일의 하인리히 브뤼닝Heinrich Brüning(1885~1970) 정부와 미국의 후버Hoover 정부는 금본위제도가 국내정치적인 환경에 확실히 문제를 일으켰음에도 금본위제도를 지켰다. 이는 독일의 경우는 다른 대안이 거의 없었기 때문이다. 인플레이션의 경험과 제국은행이 져야 할 의무가 있는 전쟁보상금 체제 때문에 제국은행은 독일에 단지 제한적인 신용만을 제공했다. 이는 브뤼닝 정부의 활동 공간을 제한했다.

여기에 더해 정치적 동기가 있었다. 브뤼닝 정부는 스스로 긴축적 재정정책을 사용함으로써 독일이 철저하게 전쟁충당금 배상의무를 지킨다는 것을 보여주려고 노력했다. 그러나 이는 객관적으로 보아 실현할 수 없는 일이었다. 이런 입장에 서서 브뤼닝 정부는 자신의 통화정책과 함께 여러 차례 임금, 월급 등 어딘가 가능한 것이 있으면 물가까지라도 국가지출을 줄이기 위해 애썼고, 이를 통해 위기와 전쟁보상금 의무를 관리했다.

이런 성취에는 한계가 있었다. 국가사회주의(나치)와 공산주의의 선전에 따라 여론이 악화되면서 독일 국내의 정치적 긴장이 어마어마하게 증가했다. 1931년 초여름부터는 글로벌 경제위기의 두 번째 국면이 전개되고, 1931년 9월에는 파운드화의 평가절하에 따라 세계경제의 동반 붕괴가 발생하면서 독일 경제의 전망은 더욱 어두워졌다. 1932년 초봄에는 브뤼닝이 힌덴부르크 Hindenburg에게 패배해 수상직에서 낙마했다. 브뤼닝은 전쟁보상금 지급이 끝나가고 독일 경제가 평균적으로 보아 세계 경기의 저점을 지나간다고 하면서 곧 자신의 정책이 성공을 거둘 수 있다고 말해왔다. 그러나 이런 비전은 한 번도 실현되지 못했다. 독일 국민은 위기를 극복할 확실한 대책을 요구했으나 그의 이런 비전은 국민의 이러한 기대를 채워주지 못했다.

미국에서도 후버가 제시한 긴축적 재정정책이 1932년 한계에 봉착했다. 이 긴축정책은 미국경제를 위해 사용 가능한 보호정책에도 불구하고 무엇보다 금융 부문을 준칙을 통해 관리한다고 하는 입장에 서서 문제를 해결한다고 보았다. 이렇게 생각한 것에는 19세기의 경제위기의 경험을 염두에 둔 것이라고 할 수 있었다. 프랭클린 루스벨트Franklin D. Roosevelt(1882~1945)는 이런 문제 때문에 대통령에 당선되었다. 그는 이제까지의 정책과 결별을 선언하고, 워싱턴의 연방정부가 위기 타파를 위해 능동적으로 개입할 요소를 만드는 것을 계획했다. 금본위제도에서 그때까지 사용하던 교환비율을 폐기하고, 달러의 저평가와 국내정치 우선의 경제정책 및 환율정책을 제시한 것이 루스벨트의 첫 번째 행적이었다.

거기에다가 통틀어서 그는 '뉴딜New Deal' 정책이라는 잘 알려진 경기 대책들로 많은 행적을 남겼다. 이 정책은 농업 부문에 대한 대규모 보호 정책부터 거대한 기간산업Tennesse Valley Administration

(테네시 계곡 행정부)에까지를 아우르는 것이었다.

　이런 정책 방향이 결정되자 특별하게 성공적이지 않은 대책이 시행되었다. 이와 함께 위기를 극복하자면서 미국 국민을 총체적으로 동원했다blue eagle campaign.* 루스벨트 대통령은 대가의 솜씨로 헌법정신에 비추어 의문을 가질 여지가 있을 수도 있는 강력한 국가지도자로 성장했다. 그리고 미국의 주 의회 체제에 대대적인 선전 활동을 통해 압력을 넣었다. 볼프강 쉬벨부슈Wolfgang Schivelbusch가 1932~1933년 이후의 미국, 이탈리아, 독일의 경제위기 대응 정책을 비교 연구하면서 쓴 책 제목을 '먼 친척Entfernten Verwandtschaft**'이라고 한 것은 틀리지 않은 지적이다.

　어쨌든 1932년 독일에서는 국가의 강하고 능동적인 위기 대응책을 요구하는 여론이 들끓었다. 이는 무엇보다 먼저 실업자 수를 줄이는 정책을 의미했다. 히틀러 정부는 '일자리 만들기 정책'을 내놓았다. 이는 이미 바이마르 공화국 말기에 지지한 정책이었는데 매우 성공적이었다. 1936년 독일은 완전고용을 달성하였고, 글로벌 경제위기의 핵심 시기를 극복한 첫 번째 나라가 되었다.

---

* 　1933년 루스벨트 정부는 1차 뉴딜 시기에 만든 '국가산업부흥법'과 함께 공정경쟁 협약을 제시했는데, 이 협약에 서명한 기업이나 상점은 파란색 독수리가 그려진 포스터를 달 수 있었다. 그리고 파란색 독수리를 내걸지 않은 사업체는 국가의 적으로 몰았다. 이는 나치나 볼셰비키의 방식과 비슷하다는 평가를 받는다.

** 쉬벨부슈는 2008년 출판된 이 책에서 루스벨트 정부가 시행한 뉴딜 정책 속에 내재된 전체주의적 속성을 지적했다.

그러나 이는 일자리 만들기 정책이라고 공식적으로는 이름 붙여졌지만, 사실은 대규모 신용으로 조달된 군수화 프로그램이 었다. 이런 정책은 경기상승에는 의심할 바 없이 크게 도움이 되었으나, 그로 인해 국민경제의 기본 구조가 크게 왜곡되었다. 소득이 정체되고 소비재와 생필품 산업이 전혀 성장하지 않은 동안 독일 경제에서 군수산업과 관련된 부문은 활황을 누렸다. 경기상승기가 수치상으로 확인되는 동안 인간은 간과되었고, 이러한 상승기는 지속적으로 이어질 동력을 가지지도 못하였다. 전쟁으로의 길이 열렸다. 많은 기업이 나치의 군수정책에 참가했는데 이를 통해 자신들의 영업상 이익을 약속받았기 때문이었다. 바이마르 공화국의 마지막 시기에 기업들은 정부의 긴축적 금융 및 재정정책에 대해서 공개적으로 비판하지 않았다. 그와 반대로 세금 부담을 줄이기 위해 더 강력한 긴축 재정정책을 요구했다.

여기에서 비판할 점은 무엇보다 국가적인 조정과 임금 협정에 있다. 이 협정은 경제위기에서 임금삭감을 더 많이 하는 것인데 '기업의 입장에서 보자면' 고임금이 기업의 경쟁력 회복을 방해한다는 것이었다. 기업의 전략은 독일이 세계시장 점유율 면에서 주도권을 다시 찾는 것에 맞추어졌고, 이런 상황에 필요한 올바른 방식은 오직 기업의 비용절감 정책과 안정적인 통화 유지였다. 그러나 1931년 여름 기업의 이 같은 희망은 무너졌다. 그래서 비용에 대한 압박은 더욱 강해졌고, 결국 브뤼닝 정부는 비판을 받게 되었다. 임금협정 시스템의 문제에 대해서 브뤼닝 정부가 충분히 급진적으로 보이지 않았다는 것이다. 기본적으로는 세계적 경제위기 속에서 어쨌든 기업은 비용절감 외에는 해볼 것이 별로 없었고, 작동되지 않는 세계경제에 대한 대안으로 유럽만의 경제 블록을 제시하는 것도 때늦은 추파로 보여 더는 고려되지 않았던 것 같다.

자유주의적 경제사상은 단지 사상 자체만이 아니라 이것으로부터 영향을 받은 국가의 경제정책이 성과를 제대로 내지 못하자 경제학 내에서 점점 더 주도권을 잃어버렸다. 이 사상은 그 이전 시대에는 상대할 경쟁자가 없을 정도로 경제학계를 주도했었다. 신고전파 경제학은 고유한 경제위기 이론을 만들어내지 못했다. 그러자 영국의 경제학자 존 M. 케인스가 점점 더 확실하게 이 자리를 차지하게 되었다. 1936년 출판된 그의 책 『일반이론General Theory』은 바로 일반인들에게 신의 계시처럼 받아들여졌다. 이는 그의 이론에는 국가의 적극적인 경기정책에 대한 이론적인 근거가 제시되어 있었기 때문이었다.

글로벌 경제위기에 대한 케인스의 해석은 위기의 지속기간과 위기의 정도, 그리고 이런 경기변동에 대응하는 국가정책의 미흡함이나 때늦음에 관한 것이었다. 그의 이런 관점은 1945년 이후 경제위기에 대한 해석에 깊은 영향을 미쳤다. 여기에서 케인스는 기본적으로는 경제위기 이론을 말한 것이 아니다. 그는 단적으로 다음과 같이 설명했을 뿐이다. '경제위기에 대해서 정확하게 말할 수는 없지만, 위기는 대략 어떤 특정 상황에서 온다. 이 상황에서는 가계와 기업의 유동성 선호로 투자가 약화하고, 임금이 정체되며 거시경제의 장기적으로는 불균형이 올 수 있다. 그러니 이것을 국가가 해결해주어야 한다'는 것이었다.

　이런 관점에 대해서는 1960년대에 밀턴 프리드먼Milton Friedman 과 아나 슈바르츠Anna J. Schwartz가 처음으로 의문을 제시하였다. 이는 양차 세계대전 사이 시기에 세계경제의 문제가 무엇보다 디플레이션의 시대적 배경과 함께 너무 긴축적인 중앙은행의 정책으로 생겼다는 것이었다. 이러한 디플레이션 국면이 글로벌 경제위기 속에서 극단적으로 나타날 수 있었다. 만약 중앙은행이 디플레이션이 유발한 경제위기에 긴축적 대응 정책을 제시한다면 상황은 점점 더 나쁘게 될 수 있다고 했다. 이런 관점에서 이들은 1920년대의 구조적 문제와 글로벌 경제위기의 심화에 중앙은행의 잘못된 통화정책이 책임이 있다고 주장했다.

　이런 관점에는 모순이 있었다. 이에 대해 킨들버거는 실물경제의 여러 가지 문제점에서 과잉생산과 과소소비의 구조적인 상태, 이것만으로도 경제성장이 디플레이션의 색채를 띠는 것에서부터 최소한 글로벌 경제위기까지를 설명될 수 있다고 했다. 그러므로 이런 사실을 바탕으로 이렇게 정리할 수 있다. 비록 중앙은행이 지나치게 긴축적으로 작동했다고 하더라도 글로벌 경제위기를 일으킨 여러 원인의 핵심은 전쟁 후 세계 경제의 구조적인 균열에 있었다는 것이다.

　지난 수년 동안 금본위제도와 그의 영향에 대해 관심이 증가했는데, 이런 관심은 디플레이션 정책의 역사적 배경 찾기에 집중되어 있다. 전후 금본위제도의 정책적 실패는 특히 글로벌 경제위기 시기에서는 배리 아이헨그린과 피터 테민이 주장하듯이 결국에 자국 중심의 경제정책으로 전환하게 했는데, 이것은 국내 경제 성장에 대한 자국민의 요구에 따른 것이었다.

물가를 재상승reflation하게 하는 정책은 금본위제도의 제약에서 벗어나려는 시도와 함께 통화량을 증대시켜 글로벌 경제위기를 극복하게 할 수도 있었지만, 이는 경제학자 로널드 파인들리 Ronald Findlay와 케빈 오르케Kevin O'Rourke가 주장하듯 세계경제 시스템의 파괴로 이해될 수도 있었다. 이들은 금본위제도의 폐지를 환영하지 않았고, 오히려 1932년 이후 경기회복을 질질 끌게 되는 원인이라고 보았다. 이는 작동되는 세계경제 질서가 없었기 때문이라고 했다.

경제사 서술에서 무엇이 경제위기의 원인이고 경제위기의 진폭은 무엇이 결정했느냐에 대해서 통일된 관점이 있는 것은 아니다. 폴 사무엘슨Paul A. Samuelson(1915~2009)은 결국 글로벌 경제위기는 근본적으로는 불행한 사태가 우연히 연계된 결과라고 했다. 어쨌거나 주지의 사실은 이것이 경기하강에 관해 공식적으로 인정한 것이라는 점이다. 제1차 세계대전 이후 세계경제의 구조적인 문제로 대대적이며 더 강력한 경기 하강이 왔다. 이러한 경기하강은 다시금 대응책을 요구하는데, 이런 대응책은 다시 경제위기의 요소로 작동했다. 즉 국가 간의 경제적 봉쇄가 중기적으로는 세계경제의 몰락을 가져왔다는 것이다.

다음으로 우리가 질문해보아야 할 것은 경제위기에서 국가의 조정 가능성이다. 독일의 경우 브뤼닝의 정책에 대한 현실주의적인 대안이 거의 없었기에 최소한 오늘날의 관점에서 그렇게 실패한 것은 아니다. 또한 독일은 케인스식 경제정책이 의미 있게 생각해볼 수 있는 단 하나의 대안은 아니라는 점을 널리 보여준다. 독일에서는 자유주의의 위기에서 젊은 경제학자 집단으로부터 질서자유주의라는 사상이 등장했다. 발터 오이켄Walter Eucken, 빌헬름 뢰프케Wilhelm Röpke, 알렉산더 뤼스토Alexander Rüstow, 프란츠 봄Franz Böhm, 알프레드 뮐러 - 아르막Alfred Müller-Armack 같은 학자들의 관점에 따르면 글로벌 경제위기는 작동하고 있는 시장 시스템을 보호하는 국가 기능이 상실하면서 발발했다는 것이다. 이들이 주요한 비판점으로 제시한 것은 경제정책이 조직된 이익집단(카르텔, 단체, 노동조합)의 압력 밑에 놓여 있다는 점이다. 이런 연유로 국가가 기능을 제대로 못 했고, 이와 함께 중요한 시장 실패가 발생하게 되었다고 한다. 따라서 국가의 조정 가능성을 다시 복원하고 이익 단체나 로비 단체에서 독립하면 자유주의적 질서를 보증할 수 있게 되는데, 이런 조건 아래 시장의 법칙에 순응하여 균형적 경제성장을 전면적으로 이루어내야 한다고 했다. 개별 이익집단의 이해를 초월해 있는 강력한 국가는 전체 국민의 복지와 시장경제 시스템을 지키는 것을 의무로 한다. 이것은 발전시키고 싸워 쟁취되어야 할 이상이었다.

독일 질서자유주의자 중의 일부는 오랫동안 히틀러 정부가 질서자유주의를 수용하기를 희망했다. 그러나 국가사회주의 군수경제의 실상은 이런 기대를 빠르게 물거품으로 만들었다. 그 대신에 군사적 무장을 위한 군수 산업과 파괴전쟁은 결국 유럽을 파편과 잿더미로 만들었다.

1914년에서 1949년 사이의 경제성장의 역사는 하나의 예외적인 일이었다. 제2차 세계대전이 발발하기까지는 경제위기를 동반한 정규적인 경기순환 움직임이 다시 작동했다. 이 중 경제위기는 1913/ 1914년, 1920/1921년, 1929~1932/1933년에 발생했다. 이런 위기는 확실하게 제1차 세계대전 이전의 위기보다 강력했다. 글로벌 경제위기는 이제까지 우리가 경제위기에 대해 가졌던 경험을 백지화시켰고, 지금까지 경제성장에 미치는 교란을 대하는 방식에 대해서 우리가 가진 모든 지식을 당장 쓸모없이 만들었다.

비록 잘못된 정치적 결정이 위기를 심화시키고 개별적인 실수를 유발했다고 할지라도, 양차 대전 사이의 심각한 경제위기의 원인은 확실히 잘못된 정치적 결정에만 있지 않았다. 비록 정책이 위기를 더 심화시켰고, 각각의 위기에 각인되어 있다고 할지라도, 금본위제도와 그것과 관련된 디플레이션을 유발하는 금융정책과 금리정책에만 1920년대 경제 문제의 책임을 지울 수는 없다.

1932년에는 금본위제도가 폐기되었다. 금본위제도 폐기와 함께 세계적 노동 분업의 작동도, 활발한 국제무역도 끝났다. 전후 활황이 오기 전에 고정환율제에 환율의 질서를 묶는 일종의 거대한 '유연성'인 브레턴우즈 체제*가 등장했다. 금본위제도 정책

---

* 브레턴우즈 체제Bretton Woods System는 1944년 미국 뉴햄프셔 주의 브레턴우즈에서 만들어진 달러 중심의 국제 통화제도 협정으로서 ① 미국 달러화를 기축통화로 하는 금환본위제도의 실시, 금 1온스를 35달러에 고정, ② 조정 가능한 달러기준 고정환율제도의 실시, ③ 제2차 세계대전 복구 및 국제경제 번영과 안정을 위한 국제통화기금IMF, 세계은행World bank, 국제부

은 비록 문제를 심화시켰으나 문제 자체를 발생시키지는 않았다. 우리는 정말로 제대로 작동하는 경기대응 정책이 없다는 것에 세계경제의 문제와 경제위기 심화의 원인을 전가할 수는 없다. 1932년 이후 통화 재팽창 정책의 경험은 나라마다 뒤죽박죽이었다. 독일의 경우가 가장 성공적이었으나 결코 독일의 사례가 모범이 될 수는 없다.

양차 세계대전 사이에 발발했던 경제위기에 대한 역사적 원인은 오히려 시행되었던 경제 및 재정정책보다 더 확실하다. 그것은 세계 경제 차원의 붕괴와 1918년 이후로 이를 재건하려는 정치적 의지의 부재 등이었다. 국제 금융시장의 구조가 변화된 상황에서 채권 - 채무 관계가 역전된 구조와, 미국이 세계대전을 통해 세계경제에서의 그 역할이 가중되었음을 받아들이는 데에 대한 의지 부족도 원인이다. 또한 제1차 세계대전 이후 생겨난 세계적인 과잉설비가 1920년대의 나빠진 세계경제 상황 속에 경제의 짐을 지웠기 때문이기도 했다. 아울러 농업 부문의 세계적인 과잉생산이 각국 농업경제에 구조적 위기를 가져왔고, 내려가는 가격과 쌓이는 채무에 각자 자신들의 국내시장을 보호하기 위한 경쟁이 치열해진 탓이기도 했다.

여기서 각 나라의 개별적인 원인을 살펴보면, 독일의 경우 강고하고 불편하게 구조화된 외채, 낮은 공장가동률, 낮은 이윤, 투

홍은행IBRD의 창설을 주요 내용으로 했다. 이 협정은 1971년 미국이 달러의 금 태환을 정지하자 사실상 와해되었다.

자 약화, 상대적으로 높은 실업률과 1920년대의 구조적 위기로 가는 상황에서도 떨어지지 않았던 정치적으로 보증된 임금이 원인이었다. 이는 결국 제1차 세계대전의 결과가 만든 문제였다. 이는 국가에 대한 요구였고, 그와 함께 국민소득 증대에 대한 요구였는데, 이런 요구가 대중민주주의의 전개과정에서 정치적 목표로 등장한 것이다. 이런 요구로 인해 국내 정치적 갈등을 해결하는 데 국가의 경제정책, 금융정책, 사회정책의 중점을 두었기 때문이다.

이 모든 것이 콘트라티예프 장기 파동의 하강기에 벌어졌기에, 이 시기는 경제성장에 대한 전망이 어쨌든 간에 암울한 시기였다. 이 모든 불운한 상황들에 다른 상황이 더해졌으며, 그리하여 경제위기로 가는 길이 만들어졌다. 정치적 시스템에 대한 과잉요구가 거의 강제적으로 경제를 위기로 몰고 갔다.

7

대호황 이후

정상으로의 복귀

＊

    제2차 세계대전 이후의 경제성장에 대해 처음에는 그다지 좋을 것이라는 예측을 하지 못했다. 유럽과 아시아에서 발생한 파괴의 규모가 실로 거대했던 것이다. 세계경제는 시스템이 잘 작동하지 못하는 상태였고, 1945/1946년 전후 정치적 질서를 살펴보아도 기껏해야 장래에 세계경제가 정치적·경제적 배경에 따라 분리될 것으로 보였다. 반反히틀러 연대는 전쟁이 끝나자 분열했다. 늦게 잡아보아도 1948년에는 냉전의 분위기 속에서 두 개의 적대적 블록이 드러났다. 이러한 냉전 속에서 국경을 사이에 둔 두 블록 간의 격렬한 대립이 반복되어 나타났다. 이와 같은 냉전과 철의 장막 속에서도 1950년대 초부터 서유럽과 미국에서 그때까지 전례 없는 경제 회복이 시작되었다.

    전쟁으로 파괴된 분단국인 서독의 경제성장이 특별히 눈부시기는 했지만, 당시의 '경제 기적'은 독일만의 이야기가 아니었다. 1950년대와 1960년대 유럽의 많은 국가가 성장, 복지, 생산성 면에서 앞서가던 미국을 '따라잡기'하는 시기였다. 이는 전쟁 후에는 바로 도달하지 못할 것으로 보였지만, 조금씩 따라잡더니 결국 이들 사이는 더욱더 평준화되어갔다. 1970년대에 들어서는 유럽과 미국 사이에서 복지와 생산성에 차이가 없어졌다.

아시아, 특히 일본에서는 이런 과정이 조금 더 걸렸다. 그런 까닭에 1960년대와 1970년대에 일본은 더욱 역동적으로 성장했다. 오랜 미소를 짓던 후발 주자인 일본과 극동아시아는 이 시기 동안 대부분의 유럽 거시경제를 넘어섰고, 결국 작은 동아시아와 동남아시아의 나라들이 세계경제의 1부 리그에 올라서게 되었다.

전쟁 후 시기에 지속된 높은 경제성장은 경제정책과 경제학을 잘못된 길로 이끌었다. 즉 고도 경제성장으로 인해 양차 세계대전 사이의 경제위기 심화뿐만 아니라 모든 경제위기를 막을 수 있다고 여기게 되어, 정부에게 경제 정책으로 균형 잡힌 경제성장을 추진하라고 요구하게 되었다.

이 과정에서 경제학은 슬로건을 외치는 역할을 하는 것에 주저하지 않았다. 케인스 경제학은 경기대항적인 정책을 통해서 경제의 불균형을 없애거나, 적어도 적게 하는 것이 가능하다는 사상에 근접했고, 경제학의 주요 임무가 여기에 있었다고 보았다. 이런 케인스 경제학이 신고전파 미시경제학과 결합하면서 거시경제를 조정하는 특정 모델이 생겼는데, 이 모델은 1960년 말까지 경제학계에 기꺼이 수용되었다.

이러한 계획과 조정에 대한 환상은 1970년대에 와서 처음으로 진지하게 확인되었고, 경제위기의 현상이 점점 증가하면서 더

경제위기의 역사: 위기는 자본주의 경제의 숙명인가

는 유지되지 못했다. 왜냐하면 경제의 조정을 위한 주요 전제는 유동성의 증가 또는 국가 신용을 통해 조정할 수 있는 물가상승을 수용하면서 경제성장의 동인을 찾고 일자리를 보장하자는 것인데 실제적으로는 그렇게 작동되지 않았기 때문이다.

전쟁 이후 시기의 핵심적인 경제제도는 브레턴우즈 체제에 의한 고정환율제도였다. 이 제도는 1944년 전후 세계경제 질서를 위해 작정하고 만들어졌다. 두 차례의 세계대전 사이 시기에 환율의 변동과 같은 것을 미래를 위해 없애고, 1920년대의 금본위제도가 낳은 폐해를 다시는 반복하지 않으려고 만든 제도가 바로 이 체제였다. 그러나 1973년에 이 제도는 폐지되었다. 참가국들 사이의 경제성장에 큰 격차가 나는 상황인데도 이를 감당하기에 이 제도는 그리 유연하지 못했고, 이에 따라 이를 유지하려면 언제나 더 큰 초과 비용이 발생하게 되었기 때문이다. 1970년대 초 미국이 달러에 대해 특정 환율에서 금 태환 의무를 일방적으로 끝내자 브레턴우즈 체제는 종말을 고했다. 언제나 지속한다고 주장하던 호황의 자리에 경기순환과 경제위기가 다시 들어와서 진행되었고, 이런 과정은 오늘날까지 관철되고 있다.

⊃ 1966/1967년, 1974/1975년, 1981/1982년의 경제위기

1970년대 초 서유럽에서는 전쟁 이후 호황의 조건이 더는 주어지지 않았다. 전쟁으로 파괴된 것이 복구되자, 재건 수요도 채워졌고, 미국과의 생산성 차이도 메꾸어졌으며, 수출을 위한 장점,

특히 독일이 브레턴우즈 체제 속에서 모든 인플레이션의 압력으로 누릴 수 있었던 수출에서의 장점도 더는 작동하지 않았다. 전쟁 이후의 활황은 확실한 정점에 도달했고, 경제성장은 정상화되었다.

　전쟁이 끝난 후 독일은 확실히 경제위기라는 것을 경험하지 못했다. 다만 1967년에만 사회총생산이 최소로 위축되었다. 단기적으로 동시대를 경험한 사람들에게 전쟁 공포가 생겼거나 바이마르의 경험이 되살아났더라도, 무엇보다도 이 시기에 여러 주에서 독일국가민주당Nationaldemokratische Partei Deutschlands: NPD이 선거에 승리하고 1969년 독일연방의회 선거에서는 아슬아슬하게 졌을지라도, 독일은 1967년의 '경기 저점'을 빠르게 극복했다. 독일에서 나타난 이 경제위기의 특별한 원인은 사실상 갈팡질팡하던 국가의 경제정책과 임금정책에 있었다. 이러한 우왕좌왕하는 정책은 콘라드 아데나워Konard Adenauer(1876~1967) 총리의 뒤를 이어 1963년에 총리가 된 루트비히 에르하르트Ludwig von Erhard(1897~1977)가 가져온 것으로, 이로 인해 가장 단시간에 독일 경제가 폐허로 변했다. 사회적 시장경제의 영웅이었으나 몇 주 안에 과중한 업무를 부여받은 에르하르트 총리는 그리 오랫동안 좌고우면하지 않고 총리직에서 물러났고, 대연정의 자리가 만들어졌다.

　이로써 독일에서는 케인스주의가 정부 정책의 공식적인 노선이 되었다. 1966년 경제위기에 대한 에르하르트의 대응은 사실상 불운했다. 1965년 연방의회 선거의 승리 이후 선심 정책이 대대적으로 이루어졌다. 그런데도 1966년 경기하강이 나타나자 연방정부는 능동적인 경기대응정책을 세우지 않고 '현상유지책'으로서 저축 장려를 대책으로 내놓았다. 이에 환율과 가격의 안전성을 경기촉진책보다 우선순위에 두었다. 그러자 1967년 700만 독일 마르크D-Mark에 달하는 위협적인 재정적자가 생겨났고, 이에 에르하르트는 결국 세금 인상을 고려했다. 이것으로 자유민주당Freie Demokratische Partei: FDP과의 연정이 끝나게 되었다. 에르하르트는 소수 정권에 의한 정부를 꾸렸는데, 수많은 외교적 실책과 아데나워의 책략 때문에 자신의 계파에서도 지지를 잃어버렸고, 결국 크누츠 G. 키징거Kurt G. Kiesinger(1904~1988)를 후임으로 지명했다. 키징거는 기민당과 사민당의 대연정을 만들면서 1966년 12월 정부의 위기를 해결했다.

독일은 더는 경제위기를 제어할 수 없었다. 1967년 사회총생산이 수축하였고, 실업이 20만 명에서 70만 명으로 증가했다. 작동하던 유럽과 세계경제적인 환경 속에서 경제위기는 환율제도가 가져온 모든 문제에도 불구하고 짧지만 매우 큰 영향을 미쳤다. 이 경제위기가 당시 사람들에게 정부실패로 해석되었기 때문에 이런 현실 인식은 칼 쉴러Karl Schiller(1911~1994)의 매우 빠른 등극을 불러왔다. 사민주의자였던 쉴러는 해박한 지식과 높은 자의식을 가진 사람이었다. 그는 에르하르트와는 완전히 다른 경제정책의 노선을 걸었다.

에르하르트는 결국에는 얼굴 없이 행동하는 정부가 자유로운 경제 질서를 보장해주어야 한다는 전통적인 생각을 했던 것인데, 이는 공급자와 수요자가 그들의 이익과 선호에 부합하게 자유롭게 활동하도록 두어야 한다는 것이고, 이렇게 하면 공급과 수요, 시장과 가격 기구가 경제행위를 잘 조정한다는 것이었다. 그러나 쉴러는 시장 시스템의 이러한 자동조절기능을 믿지 않았다. 그는 시장이 경제적 전개과정에서 오히려 불균형을 가져오므로, 국가의 개입이나 정치 행위를 통해 균형을 맞추어야 한다고 믿었다. 여기에서 쉴러에게 국가는 주어져 있는 거인이 아니었고, 고유의 법과 규범을 가지고 작동하는 도덕적 이념이었다.

따라서 쉴러의 생각은 다음과 같았다. '국가와 정치는 사회의 한 부분이다. 따라서 국가의 행위는 법적으로 정당한 구성원의 이익을 대변하고, 사회적 갈등과 합의의 결과이다.' 이에 따라 쉴러는 자신의 역할을 이러한 구성원 간의 갈등과 합의의 과정에 대해 진지하게 숙고한 경제적인 지식을 가지고 조정하는 기능을 하는 것으로, 결국에는 상반되는 이해관계들을 경제적 이성의 정당한 길로 끌고 가는 것이라고 보았다. 이러한 사상은 사실 에르하르트 총리의 재임 시기에 이미 준비되어 있었지만, 1967년 처음 제정된 '경제안정화법*'으로 국가가 이른바 '마술 사각형(물가안정, 완전고용, 국제수지 균형, 적절한 성장)'을 장려하도록 의무화했고, 이에 따라 국가의 개입을 정당화했다. 이런 항목은 에르하르트가 항상 반대했던 것인데 이것은 쉴러에 의해 다시 살아난 '조율된 행동**'을

---

* 경제안정화법Stabilitätsgesetz은 1967년에 독일에서 제정된 법으로 정부가 경제성장과 안정을 장려하는 법이다.

** 조율된 행동Konzertierte Aktion은 노사협조주의의 일종으로, 모두가 협의하여

경제위기의 역사: 위기는 자본주의 경제의 숙명인가

위해 그의 손에 들려진 날카로운 무기가 되었다.

이렇게 해서 독일 연방경제부의 공동협의제가 작동하게 되었다. 말하자면 사용자와 노동조합이, 그리고 이후에는 각 주 정부들도 경제안정화법의 범위 내에서 함께 대책을 세우고, 국가의 경제적인 행위는 공동협의제가 도출한 포괄적인 사회 합의안이 확실히 실현되게 하는 것에 기여해야 했다. 여기에다가 독일 연방경제부는 기대 성장률이나 기대 물가상승률 등에 대해 대략적인 목표를 설정했고, 이로부터 장래의 임금 변화를 예측할 수 있게 했다.

처음에는 이 모델이 잘 작동하는 것 같았다. 1966/1967년의 경제위기도 빠르게 극복하였고, 1968년과 1969년에는 경제성장률이 독일의 '경제 기적' 시절에 익숙해진 정도로 다시 올라갔다. 어쨌든 여전히 저평가된 독일 마르크화 때문에 인플레이션의 압력이 점점 더 커졌다. 노동조합은 '조율된 행동'의 범위 내에서 먼저 낮은 성장률과 이와 연관되어 적은 임금인상이 예상되는 협상 공간에 있게 되자 곤란한 처지에 빠졌다. 한편으로 높은 경제성장률과 다른 한편으로 높은 물가상승률은, 노동자의 분배적 측면에서 입지를 극적으로 악화시켰다. 이에 따라 1969년 노동자들이 대대적으로 동참한 강력한 파업이 독일에서 터져 나왔다. 많은 기업

의견이 조율되면 이 조율된 목표를 향해 행동을 일치하는 것을 말한다. 1970년대 오일 쇼크 때의 경제위기에도 이와 같은 방식이 다시 등장하는데 사회 동반자 관계Sozialparternership, 공동협의제 등으로 표현되기도 한다.

이 결국에는 노동계약에 없던 양보들을 했지만, 노동조합의 공포는 오히려 더 증가하였다. 노동조합은 1969년 이후에 '조율된 행동'에 참여하는 것이 더는 용인되지 않았다. 그러자 단지 '조율된 행동'이라는 협의를 통한 정책 입안만 폐기된 것이 아니라 쉴러의 입지도 불안해졌다. 더 높아진 인플레이션의 압력은 매우 논란이 많았기는 하지만 마르크화의 가치상승과 부딪쳤다. 이런 정책은 스스로 만들었던 안정성의 위험을 거의 약화하지 못했다. 이것은 오히려 위험을 많이 증가시켰다. 1969년 연방선거부터는 사회민주주의 정부와는 대연정이 끝났다. 재정정책이나 금융정책이 더는 정부 재정이나 경제적 고려에서만 시행되지 않고, 점점 더 많이 새로운 연방정부의 사회정치적 목적을 반영하게 되었다.

새 정부의 정책은 단지 '더 많은 민주주의'만이 아니라, 사회적 불평등과 불평등한 결과의 해소를 목표로 했다. 사회를 변화시키는 데에는 생각만이 아니라 대규모의 구조 개혁이 필요해 보였기 때문이다. 쉴러의 정책 기조는 '위기에는 정부지출 늘리기', 그러나 '호황에는 정부지출 줄이기'를 하는 것이었다. 이는 케인스주의 경제 모형에 의한 경기 대항 정책의 작동과 상응하는 것인데, 제대로 작동하지 않았다. 왜냐하면 1969년 이후 연방정부는 경제위기를 이겨내기 위해 경기대항적 대책을 사용하긴 했지만 기꺼이 수행한 것은 아니었기 때문이다. 1971년에 시간적으로 한정되었긴 하지만 투자가 증가했다. 그러나 정부지출 자체가 극적으로 증대되었기에 재무상 알렉스 뮐러Alex Möller(1903~1985)는 정책을 다시 수정하도록 시켰다. 쉴러는 여전히 정책 기조를 충분히 긍정적으로 보았고, 한 걸음 더 나아가 뮐러의 업무까지 맡았다. 그런데도 그는 정부의 재정을 원칙에 따라 집행하는 것에 실패했다.

빌리 브란트Willy Brandt(1913~1992) 정부는 1973년 결국 높은 경제성장률과 물가상승 압력이 지속하자 다시금 경기억제 정책을 시행했다. 그러나 그것은 잘못된 시점에 시행되었다. 1973년 끝 무렵에 근동에서의 전쟁으로 인해 원유 값이 극적으로 인상되자, 경기는 이미 확실한 하강 국면에 있는 것이 분명했다. 1974년에 전후의 두 번째의 공개적인 경기후퇴가 왔다. 이 경기위기는 정말로 심각했다. 1975년 실업자 수가 처음으로 한 해 평균 100만 명을 넘었고, 그 이후 다시는 더 줄어들지 않았다. 1974년 브란트 총리의 퇴진은 개혁긍정주의의 종말을 확실히 보여주었다.

새로 수상이 된 헬무트 슈미트Helmut Schmidt는 객관성과 현실성을 두루 갖춘 사람이었다. 그가 공식적으로 폐기를 선언한 것은 아니지만, 1970년대 중반에 독일식 케인스주의는 끝이 왔다. '그렇게 만들 수 있다는 상상력'은 경제적 현실에 자리를 내주어야 했다. 그리고 헬무트 슈미트의 집권 시기에는 빌리 브란트의 시대 개혁이 몰고 온 경제적 파국이 발생하지 않았다. 국가 부채는 계속 증가했고, 물가상승률은 정말로 낮아지지 않았으며, 국가가 자금을 조달해서 시행하는 경기정책은 당연히 다른 OECD 국가의 압력 아래, 즉 독일은 다른 나라로부터 경기를 끌고 가는 기관차 역할을 요구받으며 지속되었다.

어쨌건 헬무트 슈미트 수상은 그의 프랑스 동료인 미테랑 프랑스 대통령과, 무엇보다 먼저 독일 중앙은행인 분데스방크와 함께 유럽의 환율 상황(환율, 환율 시스템)을 안정시키고, 독일 마르크를 실제로 유럽의 핵심 통화로 만드는 일을 했다. 1981/1982년에 새로운 경제위기가 터졌어도 이런 일을 추진하는 것에 방해를 받지 않았다. 이 경제위기는 1974/1975년 경제위기만큼 그렇게 극적이지는 않았지만, 실업과 국가부채는 계속 증가했다.

늦어도 그때는 독일도 경기에 대항하는 정책을 통해 경제위기를 막으려는 케인스적 경기대항 정책의 모델을 받아들였으나 이 정책은 확실히 실패했다. 영국과 미국 두 나라는 다 같이 1970년대에 높은 국가 채무와 높은 인플레이션으로 위기를 심화시키는 딜레마에 빠져 있었다. 이들 나라는 특히 일본의 경제적 경쟁력 앞에서 구조적 몰락을 경험하고 있다고, 최소한 주관적으로는 그렇게 생각했다. 이에 마거릿 대처Margaret Thatcher와 로널드 레이건Ronald Reagan(1911~2004)은 엄청난 구경거리를 제공하면서 케인스주의와 결별했다.

이 두 나라는 1970년대 말에서 1980년대 초 '신자유주의'의 시대를 열었다. 독일은 '신자유주의'와 불행한 관계였다. 왜냐하면 이 개념은 독일에서는 제2차 세계대전 이후의 사회적 시장경제의 성립과 더 강하게 결합되어 있었기 때문이다. 그러나 '신자유주의자neoliberalen'의 핵심은 순수한 시장경제적인 길을 가는 것이고, 케인스주의의 오류라고 추정되는 것을 극복하려는 것이었기 때문이었다. 그리고 이런 맥락 안에서 밀턴 프리드먼Miltom Freidman과 맨큐어 올슨Mancur L. Olson의 사상이 큰 역할을 했다. 이들의 사상은 다음과 같다. 케인스주의는 그것의 성립과 함께 불균형의 극복이나 저지를 목표로 했으나 그 비판자에게는 오히려 불균형의 창조자로 보였다. 왜냐하면 케인스주의는 자신의 지식을 가지고 성공하지 못할 경제적 개입을 우선시하고, 무엇보다 화폐량을 적절하지 않게 증가하는 정책을 썼다. 비판자들은 이런 정책을 통해 성장 동력이 약화하고 무엇보다 인플레이션이 발생하게 된다고 보기 때문이었다. 이런 입장에서는 1970년대의 경제위기는 정치의 결과를 치유하는 과정에서 발생했다는 것이다.

시카고학파인 밀턴 프리드먼의 입장과 여기서 영감을 받은 '시장근본주의*'의 관점에서는, 무엇보다 국가적인 경제정책을 거두어들이고 시장의 힘 아래 자유롭게 두는 것이 우선이었다. 국가의 경제정책과 금융정책의 핵심인 올바른 통화정책과 경제에서 광범위한 탈규제, 역사적으로 증가한 국가의 조정의 공간을 없애 버리는 것, 그리고 시장경제가 인정하는 최소한으로만 국가의 역할로 돌리는 것이 적확하게 균형적이며 역동적인 경제성장을 가져온다고 본다. 또한 이러한 경제로 가는 적응 과정에서 국가의 역할을 줄이고 시장에 대한 규제를 제거하면 처음에는 힘들더라도 결국 더 나은 결과를 가져온다는 것이다. 독일에서는 이렇게 급격한 정책적 전환은 없었다. 그러나 오토 그랍 람스도르프Otto

---

* 시장근본주의는 밀턴 프리드먼 같은 경제학자들이 주장하여 1980년대 이후 미국과 영국을 중심으로 등장한 사상으로, 자유시장경제의 우월성을 강조하고 시장의 자율 조정 기능을 믿으며 정부 실패를 주장하는 관점이다. 이는 20세기 말에 등장한 신자유주의와 맥을 같이한다.

Graf Lambsdorff(1926~2009)가 1982년 사민당 출신 수상 헬무트 슈미트의 내각과 같이한다는 것을 알리는 서류에는 이런 방향으로 정책이 세워져 있었다.

제2차 세계대전 후 활황의 시절은 오늘날의 관점에서 보자면 마치 양차 세계대전 사이 시절처럼 예외적인 시기였다. 그래도 이 경우는 긍정적인 의미에서 예외였다. 서유럽의 국민경제는 이 시기에 전쟁과 양차 세계대전 사이의 붕괴로 평준화되었고, 이를 통해 지금까지 경험하지 못한 호황기를 맞았다. 동시대인들은 이것을 그렇게 보지 않았다. 그들은 전후의 성장순환은 오히려 능숙한 환율정책, 금융정책과 경제정책의 성과나 영향으로 이해했다. 따라서 자연히 성장과 완전고용의 경험이 케인스주의에 영감을 받은 국가의 경제적 조정을 통해 지속해야 한다는 입장에서 벗어나야 했다. 고정환율제도 아래 존재했던 지속적인 어려움은 그런데도 다음과 같은 교훈을 주었다. 전후의 상승기는 안정적이지 않았고, 단지 특별한 요소가 있어서 가능했는데, 이 요소의 비중이 점점 더 작아졌다는 것이다.

그런데도 바로 이렇게 느려진 경제적인 동력은 더 활발한 국가 경제정책의 가능성을 열어두었다. 1960년대 후반에 높아진 사회적인 갈등에 따라, 국가가 단지 경제를 조정하는 것이 아니라 전체 사회를 더 나아지게 만드는 것도 사회가 원하는 것이므로 국가정책의 작동 가능성은 더 커졌다.

오늘날의 시각에서 보자면 경기순환이 다시 작동하는 것과 경기순환과 함께 경제위기의 불확실성 속에 있게 되는 것도 놀랍지 않다. 그러나 당시의 사람들에게 이것은 재앙으로 보였다. 그러므로 경제위기가 1973년과 1979년의 오일 쇼크로 왔다는 성급한 설명에도 동의했던 것이다. 물론 이러한 기름값 인상은 단기적으로는 국제 무역량을 줄이고 비싼 기름값을 지급하게 했으나 경제위기의 원인은 아니었다. 그 당시의 경기하강기는 그 자체가 이와는 다르게 잘 알려진 투자순환과 재고순환의 선례를 따랐다. 이러한 순환들은 특정 상황에서, 가령 전후 재건 관련 상황의 중지 같은 상황에서 전체 경제의 장기적인 위축을 가져올 수 있었다.

경제위기는 여기에다가 경제구조가 변화하는 중요한 순간이며, 바로 이 구조 변화의 표현인 동시에 이를 가속한다. 브레턴우즈 체제를 통해 실제로 환율 보호가 폐기되자 독일의 경우 특정 산업부문에서 그렇게 되리라고 예측한 위축이 나타났고, 독일의 국제경쟁력 조건을 변화시켰다. 단지 기업의 더 강력한 집중적 노력과 합리화의 강행을 통해서만 국제경쟁력을 확보할 수 있었다. 1970년 말과 1980년대 초의 경제위기에 대해서 '시장근본주의자'의 대답 속에서도 올바른 정치하에서 언제나 회복되는 균형에 대한 환상이 그려졌다고 할지라도, 그것은 현실에서는 완전히 다른 상황이었다. 이것이 전 세계의 상품시장, 자본시장 그리고 결국 노동시장을 탈규제와 자유화를 통해 상대적으로 이른 시기에 이른바 최초의 세계화라고 일컬어졌던 현상을 만들어냈다.

이렇듯 '신자유주의'의 명패 아래 만들어진다고 선전하던 위기로부터 자유로운 발전에 대한 희망은 지금까지 채워지지 않았다. 세계화는 지금까지 알지 못했던 국제적·경제적 이동성의 결과이

며, 경제의 새로운 여건으로 등장했는데, 이것이 경제위기 현상에
어마어마한 영향을 미치게 되었다.

8

세계화 시대의
국경 넘기와 꿈을 깨기

＊

　세계화는 전 세계적으로 경제 환경의 변화를 가져왔다. 의심할 바 없이 세상은 늦어도 철의 장막이 걷힌 후부터, 1914년 이전이나 19세기에 경제위기가 발발하던 시기의 구조로 다시 돌아왔다. 경기순환은 여전히 진행되고 있고, 세계적인 시장의 개방 또한 근본적으로 그렇게 변하지는 않았다. 그러나 경기가 작동하는 환경은 확실히 전적으로 달랐다. 무엇보다 전자망으로 세계가 서로 연결되어 있어서 차익투자자들에게 그 이전의 시기에는 주어지지 않던 돈 벌 기회가 생겼다. 자본시장과 금융시장의 탈규제가 늦어도 1990년대부터 시행되면서 자본이동을 막는 장애물을 없애주었다. 이와 함께 처음으로 전 세계적인 자본시장과 금융시장이 세워졌다.

　투자자들은 이 시장에서 현대적 기술을 이용해서 세계적으로 활동하면서, 짧은 시간 내에 가격 차이에 반응할 수 있게 되었다. 이런 개방화는 종잡을 수 없이 큰 크기의 경제적 가능성을 주었으나, 투기적 과열의 가능성도 쉽게 했다. 전자는 후자 없이 가능하지도 않았다.

현재 금융시장(신용보험, 공매도, 옵션거래)*에 대해서 비판적인 입장에 있는 다수의 사람은 이 같은 개방에 대해서 어쨌든 감사해야 한다. 그 이유는 이 같은 형태의 보장을 통해서만 금융시장과 자본시장의 증가하는 변동성을 관리하는 것이 가능한 것처럼 보이기 때문이다.

역설효과의 일종으로, 바로 이런 메커니즘은 그 자체가 충분히 투기적으로 이용될 수 있다. 그러면 자본시장의 가격 변동성과 예측 불가능성이 증가하는데, 문제는 그것이 발생할 때를 예측을 할 수 없었다는 점이다. 그것을 알 수 있었다고 해도 이를 폐기하는 자체도 경제적으로 무책임해 보일 수 있었다.

여기서 보여주는 새로운 투기의 차원은, 전 세계 금융시장에서 1990년부터 길게 지속된 낮은 금리와 높은 유동성을 2차적인 자양분으로 성장했다. 저금리 정책은 1990년 초부터 일종의 디플레이션 함정에 빠진 일본의 공격적인 통화정책과 함께 주목을 받았다. 미국의 중앙은행과 미국 정부의 저금리 정책은 무엇보다도 특별히 성공적으로 1990년대에 경기 활성화를 가져왔지만, 이는

---

* 신용보험이란 채무자의 채무불이행에 대해 채권자가 입은 손해에 대한 보험을 말하며, 공매도란 보유하지 않는 자산을 빌려 미래 일정 시점에 되돌려주기로 하고 매도하는 계약, 옵션거래란 통화, 채권, 주식 등 특정 자산을 장래의 일정 시점에 미리 정한 가격으로 사고파는 권리를 말한다.

투기적인 닷컴 버블도 불러일으켰다.

닷컴 버블의 붕괴와 2001년 9월 11일 뉴욕 테러 이후에 시행된 저금리 정책은 단지 경기의 재활성화만이 아니라 국내 정치적 안정화에도 이바지했다. 미국은 이러한 정책을 통해 정치·사회적 목적도 이루었다. 이는 인구 중 소득 취약 계층도 쉽게 부동산을 소유할 수 있게 하는 것이었다. 전 세계적으로 자유로워진 상품시장과 자본시장, 저금리, 높은 유동성은 경기순환이 투기적으로 과열될 요소를 충분히 제공했다. 여기에 국제 통화제도의 문제도 덧붙여졌다. 최소한 유럽은 처음에는 '베룽스슐랑에'*로 함께 묶였는데, 이것이 다음으로는 유럽통화제도European Monetary System: EMS (EWS)**로 바뀌고, 결국에는 유로화 동맹으로 바뀌면서 유럽 내의

---

* 베룽스슐랑에Währungsschlange는 1972년에서 1979년 사이의 유럽공동체EG에서 작동한 통화연합Währungsverbund이다. 1972년 바젤 협약으로 시행되었는데 유럽공동변동환율제도라고 할 수 있다. 베룽스슐랑에라는 말은 스네이크 제도snake system라는 의미로서, 동굴 속의 뱀과 같다고 해서 이렇게 부른 것이다. 뱀의 몸통의 둘레는 참여국 환율의 변동 폭이고, 뱀이 움직이는 것은 달러에 대해서 공동변동으로 생긴다. 1978년 EWS(EMS)의 도입으로 폐지되었다.

** 유럽통화제도EMS는 유럽연합 가입국 간에 환율 안정을 위해 중심환율을 정하고 가입국 통화가 일정 변동폭을 초과하면 가입국 중앙은행이 개입하는 환율제도를 말한다. 그러나 변동폭 한도 내에서도 개입이 잦아지자 1993년까지 17회나 외환 재조정을 했다. 이로 인해 1992~1993년 유럽통화위기가 발생했다. 이후 통화 문제를 해결하기 위해 1994년에 유럽통화기구가 설립되고 1999년 1월에 유럽단일통화인 유로Euro가 유통되기 시작한다.

국가 간 통화 문제에 대해 적용 가능한 해답을 찾았다. 이것으로 브레턴우즈 체제의 몰락을 극복한 것이다.

그러나 유럽의 이러한 발전과정이 위기로부터 자유로운 것은 아니었다. 그 사례는 1992년의 리라 통화위기와 파운드 통화위기 에서 볼 수 있다. 이 두 가지 통화는 유럽통화시스템에 대한 투기 자들의 압박을 받아서 위기에 처했다. 1980년대 이후 전 세계적으 로 통화의 변동이 심해졌고, 그 결과는 무책임하게 많아진 국외 채 무였다. 이 같은 채무의 결과 국제 채권시장에서 각각의 외환에 대한 '베서 투기'*가 작동했다. 경기순환상의 위기, 투기적 과열, 외환 위기와 국채위기의 발발이라는 19세기부터 순환의 위기로부 터 잘 알려진 모습이 1980년대부터 다시 재현된 것뿐만이 아니라, 전산망의 연결이라는 상황으로 진행 속도가 더 빨라졌고, 따라서 새로운 차원으로 등장했다.

⊃ 외환위기와 경상수지위기

비록 경기순환적 현상이 경제위기에 어떤 영향을 주었다고 해도 세계화된 세계에서의 위기는 어떤 특별한 전개방식이 없었 다. 위기의 전개과정은 비교적 간단하게 파악된다. 국가가 자신들

---

* 베서 투기Baisse spekulation는 시세 하락을 예측하는 투기를 말한다. 베서 Baisse는 주가의 하락세, 불경기, 슬럼프 등을 칭하는 말이다. 반대말로는 호이서Hausse가 있다.

경제위기의 역사: 위기는 자본주의 경제의 숙명인가

의 국민에게 빚을 진다. 국제 자본시장에서 특히 이자가 낮고 이자 부담을 질 수 있을 것으로 보이면 기꺼이 빚을 낸다. 여기에 경기가 변하고 금리가 오르면 국가의 수입이 줄어드는 데 비해 이자 지출은 늘어나게 된다. 이렇게 되면 채무를 연장하거나 다른 곳에서 빚을 내는 것이 가능하더라도 이자가 비싸진다. 이렇게 되면 국가채권의 매도가 늘어나고, 이는 환율에 영향을 미친다. 환율 변화가 투기적으로 강하게 진행되면, 결국 통화가치를 더는 지킬 수 없게 되고, 통화가치 하락을 맞게 된다. 이에 따라 채무와 수입의 부담은 커지지만, 수출은 쉬워진다.

이처럼 통화가치의 하락은 동시에 한 나라의 국제수지와 국제경쟁력을 상승시키는 데 도움이 될 수 있다. 여기에서 어쨌든 '채무의 함정'이 생길 수 있다. 만약 외국 자본이 도와주지 않는다면 경제적으로 미력한 나라를 함정에서 밖으로 나오게 할 수 없다. 변동환율제도에서는 이런 채무위기와 국제수지위기의 위험이 크다. 그러나 화폐가치가 하락하여 결국 위기를 극복할 메커니즘을 사용할 수 있게 된다. 이렇게 통화가치 하락과 연관된 적응문제가 크기 때문에 이런 경제학의 한 분야는 특히 환율을 조정하는 정치에 경도되는 경향까지 보인다.

환율제도가 안정성을 만들어냈는지 아니면 안정성의 결과로 환율제도가 만들어졌는지에 대해서 의문이 생긴다고 할지라도, 역사적으로 살펴보면 정치적 힘으로 환율을 안정시키는 제도가 오래가는 경우는 드물었다. 위기 상황에서 고정환율제도는 어쨌든 비정상적으로 많은 비용이 들었고, 경제적 파국으로 진행되는 경향도 있다. 브레턴우즈 체제는 사람들이 이 제도를 기본적으로 원하지 않아서가 아니라 너무 많은 비용이 들어서 몰락했다.

브레턴우즈 체제의 약점의 결과로 등장한 것이 변동환율제이다. 유럽에서는 이 제도가 위험한 것으로 여겨졌다. 그들로서는 환율의 변동성이 커지기 때문이다. 그 대신 만들어진 것이 유럽식 통화제도인 '베룽스슐랑에'였다. 1972년에 만들어진 이 제도는 여러 통화를 묶은 일종의 다자간 통화협정으로서, 이를 통해 각 중앙은행이 특정한 시점에 자신들의 통화에 대하여 적절한 수준을 유지하기 위해 개입이 의무화되어 있었다. 이에 따라 브레턴우즈 체제 시절보다 더 많이 크게 개입할 수 있었다. 이 환율제도는 가맹국들의 잦은 진입과 퇴출 때문에 그렇게 잘 작동하지 않았다. 영국, 스웨덴 같은 국가들이 매우 빨리 이 제도에서 빠져나갔다. 그리하여 1970년대 말에 유럽통화협정EWS이 그 자리를 대신하여 도입되었다.

이 제도는 독일 마르크가 실제로 유럽의 중심 화폐가 되고, EWS에 속한 다른 국가의 중앙은행이 독일 중앙은행의 법령에 따르는 방식이었다. 이런 구도 속에서 환율의 변동성을 어느 정도 잠재울 수 있었다. 그러나 환율 개입 시점에 '베서 투자자'가 나설 크나큰 공간이 열려 있었기 때문에 1992년 영국의 파운드와 이탈리아의 리라는 EWS에서 빠져나오게 되었다. 이후 만들어진 유럽통화동맹(유로존)은 이 같은 단점을 제거하는 방식을 모색했다. 이는 새로운 중앙은행에서 발행된 통일된 화폐와 그에 상응하는 통화정책을 통해서 장래의 환율 변동을 방지하는 동시에 경제안정화에 맞추어진 환율정책을 실현할 수 있는 방식을 의미했다.

유로존에서는 이러한 방식을 사용하여 먼저 나라마다 달랐던 금리를 평준화시켰다. 이자율이 높은 나라들은 확실히 싸게 신용을 누릴 수 있었고, 이런 상황은 한 걸음 더 나아가서 보면 국가적으로 고정된 물가상승률과 함께 부분적으로는 실질금리가 마이너스인 상황이나 극단적인 채무 충동을 가져올 수 있었다.

이에 상응하여 비록 통계상으로 나타나지 않는다 하더라도 이들 나라의 국가경쟁력이 떨어지는 상황에서 대부분 국가에서 채무가 빠르게 증가했다. 이런 채무는 삶의 수준을 지키는 데 필요한 자금을 마련하거나, 가령 광업같이 별로 생산성이 높지 않은 경제 부문의 활성화를 명목으로 돈을 빌렸기 때문이다.

최근의 세계경제 상황은 확실히 유로존의 결속을 지속해서 방해하고 있다. 이는 나라마다 서로 다른 채무 구조와 서로 다른 생산성을 가진 상황에서 거기에 상승하는 경쟁력이 없는 나라와의 높은 이자율 차이(금리 스프레이드)를 가져왔고, 이런 격차는 단지 특정 국가의 지급능력 문제만 가져온 것이 아니라 동시에 전체 유로존의 통화 안정성에 회의를 갖게 했다.

외환위기를 해결할 전통적인 방법은, 해당국의 통화가치를 떨어뜨려 특정 국가의 경쟁력을 높이는 것이다. 그러나 유로존의 경우 정치적으로 이런 방식을 사용할 수 없게 되어 있다. 브레턴 우즈 체제 이후의 시대에 발생한 여타의 큰 외환위기에서 각국 통화의 가치하락 가능성은 오히려 문제가 쌓이는 결과를 가져왔다. 만약 이렇게 통화가치가 하락한 나라를 위해서, 특히 이들 나라가

IMF에게 금융지원을 요청한다면, 이런 상황에 대책으로 제시되는 것은 일단 극단적인 긴축 프로그램이다. 외채위기와 그 결과로 발생한 외환위기의 전형적인 사례가 1994/1995년 멕시코 위기, 1997/1998년 아시아 위기, 1998년 러시아 위기와 2005년까지 지속한 아르헨티나 위기이다. 이런 종류의 위기 중에 다른 위기와 비교하면 분명히 그 정도가 제한된 위기를 2009년 두바이가 경험했다.

이런 종류의 외채위기는 원칙적인 국가의 재정정책 운영과 돈을 빌리는 것에 소극적인 태도를 보이는 방식으로 피할 수도 있다. 그러나 이런 방식은 경제적으로 양날의 검이다. 이런 운영 방식이 경제성장을 멈추게 할 수도 있기 때문이다. 따라서 일시적인 재정적자를 또는 채무는 경제적으로 합리적인 측면도 있다. 그러나 세계화된 자본시장과 금융시장 아래서는 시세 차익에 특화된 투자자와 함께할 때 그 대신 위험할 수 있다. 라인하르트Reinhart와 로고프Rogoff의 연구에 따르면 국가 채무는 큰 경제적인 문제를 가져온다. 이들은 국가채무가 국민총생산의 90%보다 많고, 이자지출이 높은 나라에서는 국가의 조절 능력의 유효성이 한계에 부딪힌다고 한다.

다만 이런 구조 속에서 나타나는 경제위기는 투기적 차액투자의 결과가 아니라 근본적으로 정치적 실수이고, 이 실수의 결과가 급격하게 나타나는 것이다. 외채위기는 앞으로도 변함없이 나타날 것이다. 이런 외채위기는 경기순환의 리듬 밖에 있다고 할지라도 확실히 예측될 수 있다. 국가 채무를 많이 증가시켰고, 앞으

경제위기의 역사: 위기는 자본주의 경제의 숙명인가

로도 증가시킬 최근의 글로벌 경제위기에 대해 각국의 태도로는 어떠한 좋은 것도 약속할 수 없다.

⊃ 경기순환과 투기: 1980년대 이후의 엄청난 경제위기

1980년대 중엽부터 등장한 세계화 과정에서 세계 경기는 많든 적든 조화로웠다. 많은 나라와 세계의 일부 지역들에서 어느 정도 자신들만의 경기순환 리듬이 있었다고 해도 이런 지역적이고 개별 국가적인 의미는 적어졌다. 특히 국민경제가 세계경제와 강하게 얽힌 나라에서는 그렇게 되었다. 1980년대 이후의 경제와 경제성장을 추진하는 특별한 요소는 세계화와 함께 무엇보다 정보기술과 연결된 혁신순환이었다. 이는 아시아의 경기상승과 강하게 연결되었다. 특히 중국에는 1980년대부터 경기의 상승이 크게 가속화되었다.

세계의 경기가 동일화되었다는 것은 결코 각각의 거시경제가 같거나 비슷한 전략을 썼다는 것은 아니다. 낮아진 운송비용과 서로 다른 생산요소의 비용은 세계적 노동 분업이 각국에서 특화되는 과정을 더 많이 만들어냈다. 발전한 나라인 미국과 영국이 가치창조가 집중되는 서비스 부분이나 높은 기술 부문에 특화되고, 독일이 복합적이며 높은 기술을 요구하는 산업재 생산에 특화되는 동안, 더 많은 나라의 국민경제가 낮은 임금을 받는 단순 공정 부문에 해당하는 노동을 했다.

1990년대부터 세계적인 경기상승이 멈추고, 원자재 값과 에

너지 값이 상승하자 이는 다시금 신흥공업국의 경제력에 엄청난 영향을 주었다. 그중에서도 특히 원자재와 원료를 대량으로 보유한 나라에 영향을 주었다. 이러한 구조변동이 상품, 자본, 금융 흐름의 속도와 밀도에 동시에 깊게 연관되기 때문에 부분적으로는 작은 지역적인 경제위기 현상이 엄청난 세계적인 영향을 주게 된 것이다. 거대한 거시경제인 미국의 경제위기는 곧 확실하게 세계경제의 위기로 확대되었다.

이런 과정은 1980년대 말에 발생한 경제위기에도 작동했다. 이런 경제위기는 시간이 조금 지체되기는 했지만, 전쟁 후 첫 번째로 있었던 증권시장 대붕괴와 연결되어 있다. 1987년 10월 19일, 뉴욕의 다우존스 지수가 20% 이상 떨어졌는데, 북아메리카와 아시아 및 유럽 일부에도 동반 붕괴가 바로 나타났다. 이런 상황이 발생하기 이전에 이미 경기의 과열현상이 나타났었는데, 이는 월가의 주가가 2년간 두 배 이상으로 올랐기 때문이었다. 먼저 국제통화관계에서 발생한 대혼란, 특히 미국 연방준비제도가 기준금리 인상으로 막으려했던 달러 가치의 극적인 하락은 결국 주가 몰락을 가져온 신호가 되었다. 이 파국은 컴퓨터의 사용이 주식거래의 역사에서 첫 번째로 중요한 역할을 한 경우였기에 빠르게 전 세계로 퍼졌다. 주식거래를 멈추게 하고, 중앙은행이 시간을 벌려고 시장에 유동성을 제공했기 때문에 위기의 직접적인 영향은 어쨌든 제한할 수 있었다. 흔히 '암흑의 월요일'이라 불리는 이 위기가 있었던 때로부터 15개월 후 다우존스 지수는 파국 이전으로 돌아왔다. 그러나 이 위기의 결과 전 세계적으로 경기가 나빠졌다.

독일은 독일 통일의 특별한 영향을 통해, 당연히 1992/1993년의 경기순환적 후퇴와 구동독 경제청산 과정이 가져오는 구조적인 문제로 이 경제위기를 더 심하게 겪었다. 특별히 1989/1990년에는 건설경기와 부동산 경기가 저조했다. 이 부문은 1980년대에 손에 땀을 쥘 정도로 투기 붐이 일었던 분야였다.

통화가치 하락과 가격의 높은 상승에 대한 기대로 부동산 시장, 특히 일본 부동산 시장이 치솟았다. 1980년대 중반에는 1만 포인트에 지나지 않았던 닛케이 지수는 1989년 말에는 거의 4만 포인트에 도달하면서 역사적인 최고점에 있었다. 그러나 부동산 거품이 터지고 주가가 폭락하자 일본에는 은행위기, 금융위기, 경제위기가 동시에 왔다. 이 위기는 실질적 제로 금리정책과 국가채무의 폭증에도 불구하고 그 후 15년 동안 극복되지 못했다. 일본의 국가채무는 오늘날 일본 국민소득의 200%에 달했다. 그런데도 일본은 그 자체로는 크게 국가채무에 시달리지는 않았다. 일본 정부가 외국이 아니라 확실히 자국민들에게 빚을 졌기 때문에 그리스에서와 같은 외채위기나 국제수지위기가 일본에서는 일어나지 않았기 때문이다.

1990년대로 전환하는 시기에 발생한 세계경제의 투기 거품의 붕괴와 경제위기에 대해, 특히 미국 중앙은행과 일본은 앨런 그린스펀Alan Greenspan을 세계적으로 유명하게 만든 지휘 아래 유례가 없는 통화가치를 하락시키는 화폐정책을 내놓았다. 연방준비제도의 꼭대기에 있던 이 '마술사' 그린스펀은 정확하고 올바르게 행동했다. 1990년대 초의 경제위기 발발은 미국에는 활황기의 모범 같았던 경기 국면과 연결되어 있었다. 무엇보다 이것은 새로운 미디어와 전자산업 부문이 투기적으로 작동하는 경기 팽창을 끌고 갔다. 이러한 활황 과정에도 미국은 자신들의 외채를 결정적으로 줄이지는 못했다. 그렇지만 미국의 재정 상태는 일정 부분 안정되었고, 빌 클린턴 대통령의 두 번째 재임 기간에는 여러 번 확실한 흑자를 보기도 했다. 미국은 일본이나 특히 중국과의 무역적자를 외채로 막았는데, 이것도 결코 위협적인 수준은 아니었다. 그와 반대로 미국과 미국의 방어막 안에 있는 영국이 단순한 공정의 일감을 포기하고, 가치를 집중적으로 생산하는 부문에 집중한다는 게임을 포기하는 것처럼 보이기도 했지만, 전자기술 부문은 어쨌든 미국이 논쟁의 여지없이 최고의 위치에 있으면서 전체를 통치했다. 그래서 신경제의 투기적 활황은 미국에서 가장 강하게 나타났다.

이 활황을 끌고 가는 요소는 두 가지였다. 이는 신기술에 의한 돈벌이에 진정 한계 없는 기대를 거는 것과, 가용 가능한 유동성의 풍부함이었다. 여기에 경기상승은 단지 투기에 의한 것이 아니고, 정보기술과 함께 생긴 실제로 엄청난 경제적 잠재력이 가져온 것이었다. 이러한 활황은 미국에만 한정된 것이 아니다. 이 같은 투기적인 과열은 유럽의 증시에도 확인되었다. 늦어도 1999년에는 주식시장이 흔히 말하는 '여전히 상승기이지만 곧 하락이 눈앞에 있다는 것을 아는 시기'를 점차 지났는데, 주식시장은 일반적인 쇄도 장세였다. 특히 기술가치주의 축복이 이를 이끌었다.

독일에서는 지금까지도 좋은 기억으로 남아 있는 텔레콤의 두 번의 대규모 상장이 있었다. 특히 두 번째 텔레콤의 상장은 거품이 터지기 직전에 이루어졌는데, 큰 손해를 입은 사람들 중에 개미 투자자의 손실이 컸다. 이들은 주식시장에서 빨리 이윤을 남기라는 텔레콤의 유명한 광고 인형에 의해 자극을 받고 투자했다. 텔레콤 주식의 상승과 하락은 결코 흔히 말하는 닷컴 버블의 분명한 특징을 가진 것은 아니다. 이것은 그보다는 더 많이 18세기와 19세기에 흔히 보았던 거대한 투기 위기에서부터 수많이 보아왔던 현상이었다. 빛나는 돈벌이에 대한 기대 때문에 1990년대 중반에 수많은, 그러나 일부는 바람보다 더 가벼운 회사들이 생겼고, 이들 주식은 상장 이윤을 보기 위해 주식시장으로 보내졌다. 마네스만Mannesmann이 보더폰Vodafone에 한 것 같은 투기적인 기업사냥이 늘어갔다. 신경제는 노다지의 유일한 원천으로 보였다. 새로 설립된 모든 기업이 일반적으로 이러한 회오리에 휘말렸다는 것은 아니다. 그러나 결국 투기 거품을 터트리기 위해 흔들거리는 시장참여자들은 아주 많았다.

기술 주식의 세계적인 붕괴는 2000년 3월에 왔다. 당시 수많은 새로 설립된 회사가 약속된 수익을 하나도 거둬들이지 못하고 있었고, 기업의 자산은 흔히 단지 몇 개의 창고로 구성되어 있기도 했다. 그리고 결국 적지 않은 기업이 수지를 미화시키고 매출액을 속이고 있었다.

빨리 부자가 되려 했던 많은 투자자들의 꿈은 불과 며칠 만에 하늘로 날아갔다. 그 대신 투기꾼과 실패한 기업들에 대한 분노가 넘쳐났다. 이러한 거품의 붕괴는 투자자들의 돈벌이에 대한 욕망이 투기 거품을 최대치로 키우지 않았다고 해도 발생할 일이었다.

물론 그것만이 원인이 되지는 않았지만, 2000년 신경제의 추락은 일반적인 경기하강을 가져왔다. 독일에서는 1999년 경기의 정점을 경험했고, 2001년과 2002년에는 국내총생산이 정체되거나 약간 위축되었다. 투기 거품은 경기순환 정점의 전환점에서 적든 크든 붕괴되었고, 그리고 나서 경기하강이 가속화되었다.

미국의 상황도 비슷했다. 뉴욕 쌍둥이 빌딩과 펜타곤에 대한 테러 공격의 충격 속에 2001년부터는 닷컴 버블이 터졌다. 이런 거품 붕괴를 쉽게 회복한 주가는 다시 올라가기 시작했으나, 2003년 3월 미국이 이라크를 처음 공격하기 얼마 전에 이미 멈추었다. 이런 경제적·정치적으로 불안정한 상황에서 미국 정부와 중앙은행은 다시금 다음과 같은 수단을 내놓았다. 이 수단은 1990년대 초의 경제위기를 극복한 '마술사' 그린스펀이 이미 쓴 것으로, 유동성과 저금리였다. 지난 경제위기의 거품 붕괴로 힘이 빠진 주식 시장에 대한 기대가 없었기 때문에 유동성은 부동산 시장으로 갔다. 독일을 제외한 대부분의 나라에서, 부동산 가격의 큰 상승과 함께 부동산 부분의 엄청난 이익이 약속되어 있었다. 그러나 이러한 정책 때문에 미국의 재정 적자와 외채 상황은 더욱 나빠지게 되었다. 대표적인 채권국인 중국과 일본은 미국과의 교역에서 벌어들인 달러로 다시 미국에 투자를 했으므로 인플레이션이 생기지도, 금리가 높아지지도 않았던 것이다. 그 대신에 부동산 가격이 폭등하였고, 큰 돈벌이를 할 수 있는 것으로 보였다. 이는 부동산 투자가 손에 땀을 쥐는 새로운 영업 방식과 연결되었기 때문이다.

미국 정부는 상대적으로 신용도가 낮은 채무자를 부동산 채무의 보증을 통해 도왔는데, 이런 부동산 담보 대출은 가격이 상승할 것이라는 기대 속에서 증가했을 뿐 아니라 단지 보기에는 안전한 거래였기 때문에 채무자들은 고무되었다. 흔히 말하는 '비우량 채권'은 은행에 의해 결합하고 분류되며 공증되어 다시 다른 이에게 넘어갔다. 올라가는 부동산 가격으로 인해 구매자는 그 증서의 무엇인지도 알 수 없는 연쇄 거래가 어떤 위험이나 어떤 안전장치가 이러한 채권과 연관되어 있는지 알지 못했고, 그저 위험하지 않게 보였다. 은행은 단지 빨리 가치를 만드는 증서만 파는 것이 아니라 각각의 포트폴리오 속에서 들어가서 이 기간과 연관해서 가치를 만들어내는 이 증서를 바탕으로 새로운 신용을 창출했다. 이로써 결국 각각의 수지와 신용의 총합이 굉장히 커지게 되었다. 여기에다가 많은 은행이 아일랜드의 '히포 리얼에스테트Hypo Realestate: HRE'의 자회사 뎁파Depfa처럼 특별한 자회사를 만들어서 규제적인 제한을 적거나 많게 피하면서, 이윤을 낼 수 있지만 매우 위험하기도 한 영업에 몰두했다.

부동산 가격 상승, 높은 유동성, 낮은 이자율, 그리고 문제가 없어 보이는 채무에 기초한 이러한 게임은 해를 넘기면서도 놀랍게도 잘 작동했고, 결국에는 위험이 더는 보이지도 않게 되었으며, 오히려 이윤을 더 높이기 위해 독일의 건실한 주립은행도 스스로 거기에 참여하게 되었다. 그래서 여기에 관여한 은행가는 새로운 신용 관리 시스템의 틀 내에서 굉장하게 새로운 영업모델과 이와 연관된 영업 크기의 확장을 통해 이윤을 얻었다. 이는 주요 신용 평가사에 의해서 인가를 받았고, 결국 이 게임을 더 많이 하려는

일반화된 자극이 생겨났다.

부동산 가격 상승의 끝과 공포 같은 채무의 결과에 대한 경고, 특히 미국의 소비자에게 경고하는 여론은 다른 모든 투기 거품 광풍처럼 긴장을 고조시켰다. 2007년까지 부동산 가격의 상승은 최고점에 도달했고, 영국의 노턴 록Northern Rock 은행의 지급능력이 문제시되던 2007년 9월 경제위기의 기운이 느껴지기 시작했다. 이 은행은 2008년 2월 국유화되었다. 미국에서도 처음으로 은행들이 도산했고, 미국 정부와 연방준비제도회가 여전히 이를 해결했다. 2008년 8월 미국의 투자은행인 리먼 브라더스Lehman brothers가 도산했고, 그 후에 단시간 내에 금융시장에 돈줄이 막혔다. 주가는 폭락하고 '스스로를 구해라, 그렇게 할 수 있으면'이라는 마음 자세가 생겼으며, 그 결과 은행 간에 서로 돈을 빌려주지 않았다. 고객의 예금을 날려버린 은행은 자기자본을 잠식해야 했고, 파산의 위협에 직면했다.

어느 순간 '자본주의 시스템의 위기'라는 말이 나오게 되었다.

리먼 브라더스의 도산은 이런 전개가 단지 망상이 아니라는 것을 보여주었는데, 이번에는 거대한 미국 부동산 신용보험회사인 프레디 맥Freddie Mac과 패니 메이Fannie Mae가 실질적으로 국유화를 통해 살아남았다. 이 비슷한 상황이 미국의 대형은행 대부분에도 나타나 결국 미국의 가장 큰 보험회사인 AIG에도 벌어졌는데, 이와 함께 AIG에 보험을 든 신용들도 위험에 빠졌다.

이 경제위기는 2008년 가을에 그들의 전체 영향권을 단지 유럽 은행뿐 아니라 거대한 경기적 붕괴로 넓혔다. 유럽에서는 영국 대형은형들이 먼저 위기에 빠지고, 스위스의 금융 기관들과 독일의 상업은행과 주립은행들이 위태로워졌다. 물론 독일의 경우 부동산 붐이 시작하지도 않았지만, 독일 은행도 이런 투기적인 사업에 참여해서 대량으로 사들였기 때문에 그들도 손해를 보아야 했다. 이런 상황에서 무엇보다 타격을 입은 곳은 전통적이고 좀 더 수익성이 취약한 주립은행이었다. 그러나 콤메르츠방크Commerzbank 또한 그들의 지분을 부분 국유화해서만 파산을 막을 수 있었다. HRE은 완전히 국유화되었다. 단지 어마어마한 규모의 공적자금, 즉 직접적 도움과 보증은 물론 유럽 중앙은행의 유동성 도움을 가지고야 2008년 가을 금융시장의 완전한 붕괴를 피할 수 있었다. 이런 상황에서 은행들은 대출을 제한해야 했다. 감가상각 과정에서 다시금 그들의 신용창출 능력을 확실히 제한했던 상당한 가치 조정이 자기자본 기준으로 이루어져야 하기 때문이었다(디레버리지*).

금융부문이 자신의 상황을 최소한 방어를 하고 있는 동안, 이런 상황이 실물경제에 미치는 영향 또한 확연해졌다. 2008년 가을에 세계적으로 매출이 위축되었다. 독일의 수출은 2008년 4/4분기에 15% 이상 줄어들었다. 그 결과 실업률이 증가하고 가동률, 매출, 수입이 줄어들었다. 활황이던 중국에서조차 2009년에는 경제성장률이 떨어졌다. 이 해에 세계경제는 깊은 후퇴로 미끄러졌다. 제2차 세계대전 이후 처음으로 사회총생산성이 전 세계적으로 감소한 것이다. 국가들은 이에 대한 대책을 총동원했다. 은행의 구제에는 특별히 비용이 많이 들었지만, 매출 안정화와 실업률 감소를 위한 경기부양책을 시행하기도 했다. 이는 많은 나라가 1929/1931년의 글로벌 경제위기에서 배운 교훈을 마음에 담고 있었던 것같이 보였다. 이 교훈 때문에 앞으로 각국은 각각의 전망에 따라 정부지출로 수요를 늘리든지 유동성을 늘이든지 해야 했다. 그래서 두 가지를 다 하게 되었다.

사람들은 시장을 유동성으로 채웠고, 오래된 자동차 산업에 대한 폐쇄 프로그램을 작동시켰으며, 노동 시장 수요를 단기 일자리로라도 채우는 것을 장려했고, 노동시장을 안정시켰다. 2010년과 2011년에 결국 이러한 개입의 결과 다시 경제성장률 상승을 기대할 수 있게 되었다. 그런데 이런 정책의 결과는 단지 지역적으로 차이가 날 뿐만 아니라, 이런 대책은 각각 나라의 부채를 높이는 것이라서 특히 경쟁력이 없는 국민경제는 부채의 함정에 빠질

---

* 디레버리지deleverage란 차입을 줄이고 주식을 매각함으로써 경영 상태를 호전시키는 것을 말한다.

위험이 있었다.

이런 정책은 문제를 해결할 방법을 주는 것이 아니라 더 큰 문제를 만든다는 것은 맞는 말인 것 같다. 벌써 2010년 4월과 5월에 최소한 유로존에서는 이런 상황이 전개되었다. 단지 대대적인 신용보증으로만 그리스의 채무불능 상태를 막을 수 있고, 다른 지중해 지역 국가의 커지는 채무불능 위협에서 채권을 처음 연기시킬 수 있었다. 국가 부도의 위험이 다가온다고 추정되는 비상 상황에서 유로존의 안정성은 통제 밖에 놓였다. 그래서 중기적으로 유럽 전체에서 부채의 태풍이 더 넓게 몰아친다는 위협이 있었다.

2010년 초여름에 시행된 구제책이 성공했다는 것은 허위였다. 국가 채무위기의 상황도 채 파악할 수 없었기 때문이다. 그때부터 문제는 극적으로 심화하였고, 거의 모든 남유럽의 유로존 국가들이 더는 버티기 어렵게 되었거나, 자본시장에서 더 높아진 금리로만 신용을 연장할 수 있었다. 그리스는 현실적으로 파산했고, 거의 인위적인 도움으로만 겨우 버텼다. 포르투갈, 스페인, 이탈리아는 국가채권을 유럽 중앙은행에 맡기는 것을 반복했다. 이 채권은 사실 사용이 엄하게 금지된 것이다. 어떠한 새로운 조약에 대한 대책도 없이 마스트리히트 조약*은 포기되었다. 그 대신에

---

* 마스트리히트 조약Maastricht Treaty은 1991년 12월 11일 네덜란드의 마스트리히트에서 유럽공동체EC의 12개국 정상회담에서 합의하고 1993년 11월 발효되었는데, 유럽 통합의 수위를 높이는 것을 목적으로 단일 통화, 군사, 정치, 경제의 통합을 합의했다. 이후 유럽공동체EC는 유럽연합European Union: EU으로 명칭을 변경했다.

유로가 작동하고 변동환율제도로의 복귀를 막기 위해 구제책이 마련되었다. 이는 성공을 별반 보증할 수 없이 작동했고, 단지 채무의 공동화와 지폐발행기의 가동을 의미할 뿐이었다. 그것으로 유로존이 안정될지, 신용 우량 국가의 도움 없이 지속해서 각자 길을 갈 수 있을지는 매우 의문이었다. 적지 않은 나라에서 이런 상황이 야기된 구조적인 문제가 부족한 경쟁력과 정치적인 비효율성 속에서 만들어져 있었기 때문이다. 따라서 이런 종류의 도움은 그저 공공부조가 될 뿐, 구조 자체를 바꾸지는 못하기 때문이다.

지금도 이 위기는 끝나지 않았고, 그러므로 이 위기에 대해 최종 결론을 말하는 것이나 분명한 판결을 내리는 것은 너무 이르다. 다만 분명하게 보이는 것은 무엇보다 현재 세계가 겪고 있는 경제위기는 1929년의 세계경제의 위기와 그렇게 많이 연관된 것이 아니라는 점이다. 위기 발생 환경이 완전히 다르고, 이제까지의 발전과정이 1929년 글로벌 경제위기와 상응하지 않기 때문이다.

현재의 경제위기는 1873/1874년 독일의 '건국 위기'의 경우에 더 가깝다. 가격 상승에 대한 기대, 특히 건설과 부동산 부문에 대한 기대, 높은 유동성, 낮은 이자, '탈규제적'이고 자유로운 경제 환경 등 이 모든 것이 경기상승기에 투기적 거품 발생을 쉽게 했고, 그곳에는 어쨌든 돈벌이에 대한 긍정적인 기대가 지배했던 것은 말할 것도 없다.

경제위기에 대한 대응은 거의 1929년 위기의 교과서적 상황을 따랐다. 그리고 지금 그 시대에 겪은 실수라고 추정되는 것을 모든 대가를 지급하고도 막으려 했다. 이러한 전략이 성공했는지는 급하게 늘어난 국가부채로 인해 회의적이다. 무엇보다도 이 과정 속에서 각 거시경제가 가지고 있는 경제력의 차이가 커졌고, 그와 함께 경쟁도 과열되었다. 이 경제위기는 각 나라의 서로 다른 역사적 배경으로 인해 다른 전개과정을 거치게 되었고, 이것은 그들 각국의 특수성과 관련되기 때문이다. 특히 낮은 금리와 폭발적인 건설 경기에서 이익을 보았던 나라의 경제위기는 장래에도 엄청난 문제를 준비하고 있는 데 비해, 각 국민경제가 전적으로 금융서비스업을 주력 업종으로 삼은 국민경제는 이 경제위기로 경제의 주력 산업을 잃어버리자 기진맥진해졌는데, 이에 대해 어떤 해결책도 보이지 않았다. 독일은 그들의 전통인 혁신적이고 강력한 산업 부문 경쟁력으로 더 나은 위치에 있게 되었다. 이를 위해서는 상품 교역과 자본 교역에 제한이 생기지 않는 것이 전제되어야 했다. 이러한 '전략'이 성공적인지는 좀 기다려봐야 하는데, 특히 독일은 유럽통화 위기의 주요 짐을 짊어져야 한다. 이는 당시에 국가채무가 82%에 다다랐기 때문에 짊어지기 힘든 짐이었다.

대략 1980년대 중반 이후 세계화 열풍이 진행되었고, 이에 따라 글로벌 경제위기의 역사는 양면성을 갖게 되었다. 그 하나는 1991년에서 2007년 사이의 세계경제가 2000/2001년의 짧은 기간을 빼고는 긴 번영기였다는 점이다. 이것은 중국의 성장과 이와 함께 전자산업 부문의 새로운 기술과 가능성을 활용한 것이었다. 이러한 추세는 세계경제의 자유화 움직임에 의해 탄력을 받았고, 세계적이며 전자적으로 투명해진 자본시장과 상품시장에서 무시무시하게 성장한 효율성에 의해 지지되었다. 이러한 상승기는 여기에다가 금융시장의 네트워크화를 통해 비로소 가능해졌다.

이와 함께 물론 투기 가능성도 극적으로 증가했다. 투기는 언제나처럼 야누스의 얼굴을 하고 있었다. 한 면에는 이것은 긍정적 의미에서 구조의 변화를 가져온다. 다른 쪽에서는 노름판, 즉 단지 눈에 보이기에는 무한정으로 넓은 노름판을 열었는데, 무엇이 긍정적으로 작용하는 것이고 무엇이 만용인지를 미리 알 수 없다. 이런 모든 것은 투기적 모습을 띤 위기의 현상으로 다시 등장했는데, 이런 현상이 1945년에서 1985년 사이에는 없어진 것으로 보였지만 이것은 그때마다 필요한 교정을 받으면서 이를 통해 투기적 과열이라는 결과로 나타났다. 그래서 1970년대의 조정된 세계시장의 실패 자체가 보여주었듯이, 그렇게 간단한 조정 모델은 오늘날 절대로 진실한 대안이 아니다. 어쨌든 간에 세계화 시절의 경제위기는 1914년 이전의 상황과 매우 닮았다. 경제위기는 존재하고 이 위기는 투기 현상과 관련이 있지만, 위기는 모든 위험을 무릅쓰고도 이루어지는 구조 변동의 순간이며, 대규모 후생의 손실만이 이를 멈추게 할 수 있다.

9
마무리

✳

　오늘날까지 일반적으로 받아들일 수 있는 경제위기에 대한
정의는 아직 없다. 그러나 경제위기가 거시경제의 구조가 변화하
는 아주 중요한 순간이라는 것은 분명하다. 경제위기는 19세기 근
대 자본주의의 제도 정비 전부터 이미 경제의 특정 현상으로 자리
잡았고, 자본주의가 정착된 이후부터는 경제위기의 전개과정은
거시경제에 고정적으로 등장하는 현상으로 발전했다. 우리가 경
제위기의 장점에 대해 당연한 것으로 보면서 침묵하는 동안, 경제
위기는 어떤 면에서 근대 경제에 대한 우리의 편견, 즉 위기를 발
생하기 쉽고 비도덕적인 것으로 보는 우리의 편견을 조장했다.
　이 책에서 우리가 살펴본 지난 수백 년 동안 경제위기의 역사
는 전적으로 다른 그림을 보여준다. 전근대 시대의 경제위기는 인
간의 생존을 직접 위협했다. 흉년은 식량 값을 올렸고, 기아와 비
참, 실업과 곤궁은 그 결과로 맞게 되는 비참한 경험이었다. 이런
경험은 오늘날의 경제위기와 더는 관계가 없다. 물론 19세기부터

경제에는 순환적인 경제변동이 있었다. 그 과정에 발생한 심각한 경제위기는 심각한 사회적 결과를 가져올 수 있었다. 그러나 이런 위기가 근대적 경제위기의 전형적인 모습은 아니었다. 경기변동은 그것보다 경제성장 과정의 일부분이거나 국면이었으며, 이것을 통해 경제적 생산성이 지속해서 증가했다. 그와 더불어 생활수준, 사회적 취약 계층의 수준 또한 올라갔다. 이런 수준은 과거 시절에는 기껏 생각해야 유토피아 속에서나 상상할 수 있던 것이었다. 1920년대와 1930년대의 경제위기가 주는 교훈도 이에 대해 반대인 것은 아니다.

양차 세계대전 사이의 경제위기는 결코 '정상적'인 경제위기가 아니라 예외 상황이었다. 이는 정치적이고 군사적인 폭력으로 세계경제의 연대가 파괴되고, 자신들의 이익에만 급급했던 국가 간의 경쟁이 만들어낸 것이다. 이런 예외적인 성격은 어쨌건 재건 경제로 이어져 대단한 활황기를 만들어냈다. 이런 활황은 우리가 높은 경제성장률과 완전고용이 실현되는 경제위기 없는 세상을 완전히 가능한 정상 상태로 잘못 알게 했다. 양차 세계대전 사이의 경제위기처럼 제2차 세계대전 이후의 호황도 역사적 결과물이며 결코 일반화해서는 안 된다. 그리고 이 시기를 모델로 경제정책의 규범을 만들어서도 안 된다.

경제위기에 관한 역사적 탐구의 결과는 우리가 이미 그려놓은 그림과는 다르게 나타났다. 전근대 시대의 경제위기, 또는 고대 유럽의 옛날 경제위기는 어디까지나 잘 알려진 법칙이 있었다. 긴 경제성장기는 인구증가를 가져왔고, 농산물의 낮은 생산성으로 인해 길거나 짧거나 맬서스적 상황을 가져왔다. 이런 종류의 경제위기는 언제 발생할지 예측이 불가능했다. 분명한 것은 사람들이 직접 겪게 되는 기후 변화에 따른 농산물 수확량의 변동으로 발생했다는 것이다. 그래서 경제위기의 리듬은 여기서는 알 수 없었으나 미래에 대한 어떤 보장도 없다는 것이 당시의 농사를 짓는 사람들에게는 분명했다. 그래서 사람들은 보수적인 태도를 보이고, 그것이 극복되기를 기다렸다. 이러한 합리적인 생존전략이 농부들의 생각 속에 깊게 박혀 있었다. 농산물을 생산하지 않던 사람들은 예측할 수 없는 변동성에 어떤 도움도 없이 던져졌던 것이다. 그러므로 적은 농업 자원의 과도한 활용과 일부분 잔인했던 식량 경쟁은 이전의 경제위기에서는 일상사였다.

이런 형태의 경제위기는 근대 자본주의의 정착과 함께 사라졌다. 단지 거기에도 긴 과도기는 있었고 그에 따라 다시 세기말적 위기가 1840년대에 다시 오기도 했다. 그러나 그 이후 이런 위기는 점차 사라졌다. 그 후에 이런 '옛날의' 경제위기는 역사가 되었고 기아도 사라지게 되었다. 물론 20세기에 일어난 전쟁 중이나 전쟁 후에는 기아가 다시 돌아오긴 했다.

이런 근대의 신세계는 화려한 면만 있는 것이 아니었다. 자본주의의 탄생으로 전근대적인 대량 빈곤이 사라졌다. 그러나 사회적으로 반성이 없는 것으로 여겨졌던 자본주의의 첫 번째 경제위기들은 사람들에게 좋은 것만을 약속해주지 않았다. 그러나 맑스와 엥겔스의 '빈곤의 희망'은 결코 실현되지 않았고, 현실은 그 반대로 전개되었다. 자본주의 경제는 변동했고, 위기를 동반했지만 그래도 그 전체적인 변화의 방향이 아래를 향하지는 않았다. 점점 경제적 생산성이 더 높아졌다. 경기변동은 물론 확실히 어떤 형태를 띠었지만, 그 속에서도 자본주의의 역동성은 현실화되었다.

이러한 경기변동은 사람들이 거부해야 하거나 거부할 수 있었던 것이 아니었다. 언제나 도달되길 기대하는 균형에 대한 희망, 중상주의 시대에서부터 고전파 경제학에 이르기까지 근대 경제에서 이상으로 삼았는데, 이는 확실히 영향력을 발휘했고, 오늘날까지 경제사상을 주도하고 있다. 그러나 이는 근본적으로 1850년대부터 늘 반복되어온 경제위기에 사람들이 이와 더불어 사는 법을 배운 것이며, 모든 면에서 살펴보더라도 경제위기가 결코 세상의 종말이 아니라 오히려 과열된 경기 확장에 대한 시장청산의 시기라는 점이다.

또한 경제위기는 맑스가 주장한 것과는 달리 점점 더 심화하는 것이 아니라 새로운 경기순환이 이전의 경기순환을 더 높은 수준으로 엎는 과정이며, 전체적으로 중기적인 시점에는 더 높거나 낮은 경제성장의 동학을 가져왔거나 가져오고 있다는 것이다. 이는 사실 슘페터가 세계경제의 발전의 전개과정에 대하여 이론적인 묘사처럼 작동한다. 그래서 여기서 우리는 경기순환적 발견에 대해 어떤 질서를 지우는 것에서 어림잡아 추측하는 방법보다 나은 방식을 찾기는 어렵다. 그런데도 이런 추측과 더불어 슘페터의 관점이 전적으로 옳다고 볼 수 있다. 즉 자본주의 구조의 변화는 끊임없는 파괴와 새로운 창조의 결과여야 하고, 결코 어떤 균형적 정체로 끝나지 않는다. 비록 한두 사상가가 사람들이 기본법칙만

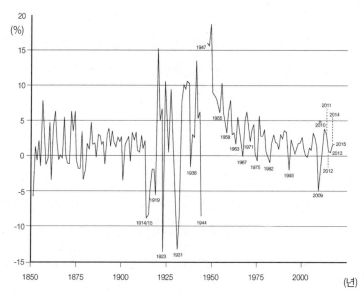

1851~2012년 독일의 연간 1인당 실질 GDP

자료: Rainer Metz, "Säkular Trends der deutschen Wirtschaft," in: Michael North (ed.), *Deutsche Wirtschaftsgeschichte. Ein Jahrtausend im Überblick* (München: 2005), p.442(~2002년 자료); destatis(독일통계청, 2003~2012년 자료).

따른다면 위기로부터 자유로운 세계에 도달하는 것이 가능하다고 믿었다 할지라도, 1914년 이전에 어쨌거나 사람들은 언제나 다시 돌아오는 경제위기와 자신들이 함께 살 수 있었으며, 이런 경제위기는 특별한 경제상황 속에서 매우 중요한 기능을 하기도 한다고 확신하게 되었다.

제1차 세계대전부터 제2차 세계대전의 활황이 끝난 1970년 대 초까지의 시기는 경기변동과 경제성장률의 변동에 기인한 지나치게 낙관적인 시대였다. 이는 기본적으로 자본주의적 동학의 결과가 아니라, 나치의 팽창전략의 결과로 발생했으며, 유럽을 폐허로 만들었던 세계대전으로 인한 폭력적 교란의 결과였다. 유럽의 주요 산업 국가들이 1914년 이전에는 모든 차이점에도 불구하고 경제적 관점에서 미국과 비슷했다면, 이후의 세계는 미국의 독주와 유럽의 낙후 사이에 놓여 있었다.

1970년대 초에야 비로소 이와 같은 간격이 다시 매워지고, 브레턴우즈 체제의 폐기로 세계경제의 관계가 정상화되기 시작했을 때, 전쟁 및 전쟁 전후 기간의 특수상황이 극복되고 19세기에 이미 잘 알려진 경제위기와 성장 순환이 돌아왔다. 그때부터 경제위기는 결코 세기말적인 현상도 아니며, 경제정책이나 금융정책의 실수로 생기는 것도 아니며, 점점 더 세계적인 성장 동학의 일부분이 되었다.

19세기 자본주의에 있었던 경기순환과 이와 함께 오던 경제위기는 놀랍게도 규칙적이었다. 이 규칙성, 특히 특정 범위 내에서 상승과 하강을 반복하는 규칙성은 1914년과 1949년 사이에 없어졌다. 그런데도 독일에서는 세기말적 경제위기가 발생했는데, 이는 사회총생산의 성장률과 수축률 및 주가의 등락으로도 확인된다. 1950년대부터는 전쟁 전에 잘 알려진 경기순환의 리듬이 다시 돌아왔을 뿐 아니라, 1960년대에 20세기 전반부의 경기후퇴가 다시 극복된 후 경기적으로 특별한 변칙 상황의 발생도 정상화되었다.

1914년과 1970년 사이의 예외 상황을 고려하지 않는다면, 우리는 근대 자본주의의 움직임의 전형으로 이렇게 일정한 리듬을 가진 경기의 상승과 하강을 이야기할 수 있다. 경기상승과 이를 뒤따라오던 경제위기는 일반적인 조건 속에서는 부가적으로 경제구조를 변화시킨다. 이런 구조조정은 미래에 대한 긍정적인 기대를 장려하고, 지나친 과열은 교정한다. 그러나 경제위기에 대한 공식적인 견해나 정치는 일반적으로 유토피아적 균형 하나에 맞추어져 있다. 이런 입장들은 모든 경기 변동이나 모든 경제위기를 잘못되었지만 고칠 수 있고 멈출 수 있으며, 그래서 뒤에 따라잡을 수 있는 행위의 결과라고 본다. 그런데도 사람들은 경제위기를 알맞게 대응할 수 없다고 믿으려는 듯이 보이며, 경제위기의 현상에 대해서는 1929년의 글로벌 경제위기에서 벌어진 일을 투사하려는 경향을 보인다.

이에 따라 경제위기나 투기에 대해서 가볍게 생각하고 행동하는 태도를 허용하지 않는 독특한 행위 강제가 생겼다. 이런 모든 의견들은 경제가 발전하는 것이 정상이라거나, 정치는 무언가를 잘못한다는 전제로부터 나온다. 역사적 사실로 보자면 이러한 관점들은 지나친 단견이다. 발전한 자본주의 사회는 최소한 경제위기가 존재를 위협하지 못할 만큼 잘살기 때문에, 우리는 무엇보다 이성적으로 위기를 대해야 한다. 그리고 궁극적으로 특정인이나 특정 직업군이 우리를 위기로 몰아넣었다는 단지 도덕적으로만 이해할 수 있는 편견은 투기의 역사적인 역할을 인식하지 못했을 뿐만 아니라, 단적으로 말해서 대가인 맑스가 강조하듯이 이해가 되지도 않는다.

맑스는 1857년 12월 15일 ≪뉴욕데일리 트리뷴≫지에 다음과 같이 썼다. "지난날의 모든 경고에도 불구하고 일정 간격으로 반복해서 등장하는 경제위기는 위기의 궁극적인 원인을 개인의 무모한 경제행위에서 찾는 것을 배제한다." 여기에는 덧붙일 것이 없다.

경제위기론 총서

Born, Karl Erich, Wirtschaftskrisen, in: HdWW Bd.9, S. 130-141.

Braunberger, Gerald; Fehr, Benedikt (Hg.), Crash. Finanzkrisen gestern und heute, Frankfurt am Main 2008.

Kindleberger, Charles, Manien — Paniken — Crashes. Eine Geschichte der Finanzkrisen, Kulmbach 2001.

Oelßner, Fred, Die WIrtschaftskrisen. Band 1, Die Krisen im vormonopolistischen Kapitalismus, Berlin 1949.

Pinner, Felix, Die großen Weltkrisen im Lichte des Strukturwandels der kapitalistischen Wirtschaft, Zürich und Leipzig 1937.

Reinhart, Carmen; Rogoff, Kenneth, The time is different. Eight centuries of financial folly, Princeton 2009.

Wirt, Max, Geschichte der Handelskrisen, New York 1968 (zuerst 1890).

경기순환론과 경제위기론

Borchardt, Knut, Wandlungen im Denken über wirtschaftliche Krisen, in: Kerzystof Michalski (Hg.), Über die Krise. Castelgandolfo-Gespräche 1985, Stuttgart 1986, S. 127-153.

Davidson, Paul, Financial markets, money and the real world, Cheltenham 2002

Haberler, Gottfried, Prosperität und Depression: Eine theoretische Untersuchung der Konjunkturbewegungen, Bern 1948.

Hoffmann, Walther G. [u.a.], Das Wachstum der deutschen Wirtschaft seit der Mitte des 19. Jahrhunderts, Berlin 1965.

Metz, Rainer, Trend, Zyklus und Zufall. Bestimmungsgründe und Verlaufsformen langfristiger Wachstumsschwankungen, Stuttgart 2002.

---

* 이 책의 독일어 원본에 소개한 문헌만 소개한다.

Minsky, Hyman P., Stabilizing an Unstable Economy, New York [u.a.] (Neuaufl.) 2008.

Sombart, Werner, Versuch einer Systematik der Wirtschaftskrisen, in: Archiv für Sozialwissenschaft und Sozialpolitik 19/1904, S. 1-21.

Schumpeter, Joseph A., Konjunkturzyklen. Eine theoretische, historische und statistische Analyse des kapitalistischen Prozesses, Göttingen (Neuaufl.) 2008.

Spree, Reinhard, Konjunktur, in: Ambrosius, Gerold u.a. (Hg.), Moderne Wirtschaftsgeschichte. Eine Einführung für Historiker und Ökonomen, München ²2006, S. 185-212.

Vosgerau, Hans Jürgen, Art. Konjunkturtheorie, in: HdWW Bd.4, S. 478-507.

산업화 이전 시기의 경제위기

Abel, Wilhelm, Massenarmut und Hungerkrisen im vorsndustriellen Deutschland, Göttingen ³1986.

Abel, Wilhelm, Agrarkrise und Agrarkonjunktur. Eine Geschichte der Land- und Ernährungswirtschaft Mitteleuropas seit dem hohen Mittelalter, Hamburg und Berlin ³1978.

Deane, Phyllis, The first industrial revolution, Cambridge ²1992.

Kopsidis, Peter, Spätfeudalismus und Handelskapital. Grundlinien der europäischen Wirtschaftsgeschichte vom 16. bis zum Ausgang des 18. Jahrhunderts, Göttingen 1980.

19세기 전반기와 후반기의 경제위기

Borchardt, Knut, Wirtschaftliches Wachstum und Wechsellagen 1800-1914, in: Hermann Aubin, Wolfgang Zorn (Hg.), Handbuch der deutschen Wirtschafts- und Sozialgeschichte, Bd.2, Stuttgart 1976, S. 198-275.

Chandler, Alfred D. Strategy and Structure: Chapters in the History of the American Industrial Enterprise, MIT Press, 1962.

Grabas, Margrit, Konjunktur und Wachstum in Deutschland von 1895 bis 1914, Berlin 1992.

Rosenberg, Hans, Die Weltwirtschaftskrise 1857-1859, Göttingen ²1974 (zuerst 1934).

Rosenberg, Hans, Große Depression und Bismarckzeit. Wirtschaftsablauf, Gesellschaft und Politik in Mitteleuropa, Frankfurt am Main 1976.

Spree, Reinhard, Wachstumstrends und Konjunkturzyklen in der deutschen Wirtschaft von 1820 bis 1913, Göttingen 1978.

Tugan-Baranowski, Michael von, Studien zur Theorie und Geschichte der Handelskrisen in England, Jena 1901.

20세기 전반기의 경제위기

Aldcroft, Derek H., Die zwanziger Jahre. Geschichte der Weltwirtschaft im 20. Jahrhundert, Bd. 3, München 1978.

Bernanke, Ben S., Essays on the great depression, Princeton 2000.

Eichengreen, Barry; Temin, Peter, The Gold Standard and the Great Depression. Working Paper 6060 des NBER, Juni 1997.

Eichengreen, Barry, Golden Fetters. The gold standard and the great depression 1919-1939, Oxford 1992.

Findlay, Ronald; O'Rourke, Kevin H., Power and Plenty. Trade, war and the world economy in the second millenium, Princeton 2007.

Friedmann, Milton; Schwartz, Anna J., A monetary history of the United States, Princeton 1963.

Galbraith, John Kenneth, Der große Crash 1929. Ursachen, Verlauf, Folgen, München. 4. Aufl. 2009.

Hesse, Jan-Otmar, Köster, Roman, Plumpe, Werner, Die Große Depression. Die Weltwirtschftskrise 1929-1939, Frankfurt am Main 2014.

Holtfrerich, Carl-Ludwig, Die deutsche Inflation 1914-1923. Ursachen und Folgen in internationaler Perspektive, Berlin 1980.

James, Harold, Deutschland in der Weltwirtschaftskrise 1924-1936, Stuttgart 1988.

Krüdener, Jürgen von (Hg.), Economic Crisis and Political Collapse. The Weimard Republic 1924-1933, Oxford 1990.

Petzina, Dietmar, Die deutsche Wirtschaft in der Zwischenkriegszeit, Wiesbaden 1977.

Schivelbusch, Wolfgang, Entfernte Verwandtschaft. Faschismus, Nationalsozialismus, New Deal 1933-1939, München 2005.

자본주의 황금기 이후의 경제위기

Eichengreen, Barry, Vom Goldstandard zum Euro. Die Geschichte des internationalen Währungssystems, Berlin 2000 (zuerst engl. 1996).

Giersch, Herbert; Praquet, Karl-Heinz; Schmieding, Holger, The fading miracle. Four decades of market economy in Germany, Cambridge 1993.

Hohensee, Jens, Der erste Ölpreisschock 1973/74. Die politischen und gesellschaftlichen Auswirkungen der arabischen Erdölpolitik auf die Bundesrepublik Deutschland und Westeuropa, Stuttgart 1996.

Lindlar, Ludger, Das misverstandene Wirtschaftswunder. Westdeutschland und die westeuropäische Nachkriegsprosperität, Tübingen 1997.

Olson, Mancur, Aufstieg und Niedergang von Nationen. Ökonomisches Wachstum, Stagflation und soziale Starrheit, Tübingen 1991 (zuerst amerik. 1982).

Schanetzky, Tim, Die große Ernüchterung, Wirtschaftspolitik, Expertise und Gesellschaft in der Bundesrepublik 1966-1982, Göttingen 1986.

세계화 시대의 경제위기

Bischoff, Joachim, Finanzkrisen am Ende des 20. Jahrhunderts, in: Dieter Boris u.a. (Hg.), Finanzkrisen im Übergang zum 21. Jahrhundert. Probleme der Peripherie oder globale Gefahr?, Marburg 2000, S. 27-42.

Klein, Naomi, Die Schock-Strategie. Der Aufstieg des Katastrophen- Kapitalismus, Frankfurt am Main 2007.

Krugman, Paul R., Die neue Weltwirtschaftskrise, Frankfurt am Main 2009.

Sinn, Hans-Werner, Kasino-Kapitalismus. Wie es zur Finanzkrise kam, und was jetzt zu tun ist, Berlin ²2009.

Streeck, Wolfgang, Gekaufte Zeit. Die vertagte Krise des demokratischen Kapitalismus, Berlin 2013.

용어 찾아보기

인명 찾아보기

경제위기의 역사: 위기는 자본주의 경제의 숙명인가

지은이 **베르너 플룸페** Werner Plumpe

1954년 독일 빌레펠트에서 태어났다. 1973년에서 1980년까지
보쿰 대학교에서 경제학과 역사학을 공부했고, 1985년 같은
대학교에서 박사학위를 받았으며, 1994년에 교수자격
과정Habilitation을 마쳤다. 1999년부터 프랑크푸르트 대학
교수로 재직 중이다. 연구 영역은 근대 사회경제사, 19세기와
20세기의 기업사와 산업사, 노사관계 역사, 경제학설사
등이며, 현재 연구하고 있는 영역은 자본주의의 역사이다.
최근 저서로는 *German Economic and Business History in the
19th and 29th Century* (Palgrave Macmillan, London, 2016),
*Das Kalte Herz: Geschichte und Perspektiven des
Kapitalismus* (Rowohlt, Berlin, 2017)가 있다.

지은이 **에바 두비슈** Eva J. Dubisch

플룸페 교수의 작업을 도왔다.

옮긴이 **홍태희**

베를린 자유대학교에서 경제학을 공부했고 현재 조선대학교
경제학과 교수로 재직 중이다. 연구 관심 영역은 거시경제,
경제변동, 경제성장, 젠더경제, 경제철학이다.

한울아카데미 2048

경제위기의 역사
위기는 자본주의 경제의 숙명인가

지은이 ┃ 베르너 플룸페 · 에바 듀비슈
옮긴이 ┃ 홍태희
펴낸이 ┃ 김종수
펴낸곳 ┃ 한울엠플러스(주)
편집책임 ┃ 배은희

초판 1쇄 인쇄 ┃ 2017년 12월 21일
초판 1쇄 발행 ┃ 2017년 12월 30일

주소 ┃ 10881 경기도 파주시 광인사길 153 한울시소빌딩 3층
전화 ┃ 031-955-0655
팩스 ┃ 031-955-0656
홈페이지 ┃ www.hanulmplus.kr
등록번호 ┃ 제406-2015-000143호

Printed in Korea.
ISBN 978-89-460-7048-6 93320 (양장)
      978-89-460-6423-2 93320 (학생판)

※ 책값은 겉표지에 표시되어 있습니다.
※ 이 책은 강의를 위한 학생용 교재를 따로 준비했습니다.
   강의 교재로 사용하실 때는 본사로 연락해주시기 바랍니다.